柳田國男

那些世代口耳傳承的民間故事

日本的昔話

目次

前言

自從計劃出版這本書後，蒐集日本昔話的活動便忽然蓬勃了起來。一些過去從未有人提及的地方、從未以文字形式記錄下來供人閱讀的昔話，如今紛紛報導出來，證明日本是一個保存相當大量故事的國家，而且人們熱愛這些故事的遺傳基因也沒那麼容易中斷。我們當然把握了這個大好機會，成立協會，尋求全國志同道合人士的合作，出版昔話研究的雜誌，並盡最大力量編出一本昔話大全，流傳於世。然而，如果世人對這種事不感興趣，即使我們熱情如火，這本《日本的昔話》也無法如此廣為人知。

再次向各位讀者說明，本書收錄的大部分昔話，都是日本各地人們在不知道其他地方也有同樣故事的情況下（或許內容有些微的差異），從他們的祖輩那裡聽到並傳承下來的。雖然東北地方的故事占比較大，但幾乎沒有一個是只有東北才有而其他地方沒有的故事。因此我們可以放心地說，這些都是「日本的昔話」。那些從未聽過的故事，只是被遺忘了一段時間，並非從未在當地傳承過，這一點如今已大致確立了。

然而，經過漫長歲月，即使是同一個故事，也會因為地區或家庭的不同而產生某些變化。儘管我們可以很輕易地確定它們來自同一個故事，但要判定哪個版本較早，或者是在何種情況下講述出來的，卻不是一件簡單的事。而這正是昔話研究最引人入勝的部分。今後，還必須付出更多心力在各地進行田野調查，因此像這樣一本類似樣本的書籍能夠獲得大眾的廣泛閱讀，對於我們的採訪工作來說，無疑是極為有利的條件。

也許我們應該另外編輯一本具有全國代表性的「經典昔話全集」，但如今要選出這樣的內容反而更加困難，而且本書有些內容也很適合作為經典昔話，如果把這些打散重新編輯，實在有些可惜。為了讓年輕人也能夠輕鬆閱讀，這本《日本的昔話》挑選的都是一些內容簡單、敘述清新的故事；而要繼續堅持這項方針，就無法加入太多新內容，因此，目前本書仍會維持現有形式。我們希望未來能為那些讀過本書之後，想要進一步了解更多昔話差異的讀者，另行出版一本更為詳盡的比較研究書籍。

幾年前，我們的團隊製作了一本《昔話採集手冊》，發給有意蒐集昔話的人士，內容介紹昔話的範圍，並透過實例說明日本最常見的昔話類型。如果以此為標準，那麼本書算是混進了七、八個稍微不同的故事，例如〈乞丐的金子〉、〈撿太多了〉與〈山賊的弟弟〉。它們原本是自古流傳的昔話，但後來經過某些人為加工，變成更加接近真實事件的形式。之所以將它們收入書中，主要是增添閱讀的趣味性，其實它們並不在我們研究的昔話範圍內。但是，我認為沒必要強行劃分界線，畢竟，我們的目的是希望讓年輕人知道，那些自古流傳下來的故事中，有許多值得一讀的佳作。

柳田國男

序

各位讀者，如果你在這本《日本的昔話》中讀到一些熟悉的故事，請不要驚訝，這是理所當然的，因為日本的昔話就是自古以來，一代又一代日本兒童耳熟能詳的故事。

這些故事大部分即使到了今天，仍在某些家庭中講述著，小朋友津津有味地聆聽。但是，我猜想你知道的故事並不多。這是因為隨著時代變遷，講故事的人都很忙，再也無法像從前那樣悠閒地與孩子分享各種故事。因此，如果本書的故事中有三分之一或四分之一你已經聽過，那很可能是因為你家裡有位熱愛講故事且記性很好的阿公、阿媽、媽媽、姊姊或阿姨等長輩。他們深諳孩子的心思，樂於為你講述動人的故事。這樣的家庭實屬難得，你不妨再次感謝這些曾為你帶來歡樂的家人。

此外，如果你發現這本書中的故事，與你記憶中家人敘說的故事，在人物名稱、地點、工具、鳥獸、歌謠、用語，乃至事件順序或細節上有所不同，也請不必感到奇怪，更不需要懷疑自己記錯，或是認為某個版本是假的。昔話從來就不是固定的，而是透過少數人口耳相傳下來的創作。在這個過程中，既不需要刻意捏造內容，也不會刻意修正錯誤。因此，經過漫長的歲月，在不同的村落或家庭中講述下去，故事內容發生一些變化是很自然的。即使是同一個故事，隨著人們不斷記憶、講述與回憶，內容也會漸漸改變。而且，有趣的部分會被特別強調出來，其他細節則逐漸遭到省略、淡化，甚至破壞。

關於本書內容的挑選，我沒有刻意去收集帶有獵奇色彩的故事，而是盡量選擇全國各地的孩子都聽過且熟知的，至少是那些在日本國內相隔頗遠的兩、三個地方，孩子們彼此不相知的情況下，卻都在講述的故事。只不過，我挑選的都是最具昔話特徵的，也就是保留最多古老風格的故事。此外，我還加入了四、五個風格較新且完整的故事。換句話說，我納入了「最古老」與「最新穎」的日本昔話，相信任何人都能一看便區分出新舊的差異。

最讓我開心的是，日本全國上億的孩子，從古至今都聽著同樣的故事長大。更有趣的是，即使到了現在依然有不少人知道這些故事。相信各位閱讀本書，一定能明白我的感受。另一個有趣的地方是，雖然故事看似完全相同，但不知不覺中還是出現了一些細微的差異。這些差異在哪裡？只要仔細讀一讀，你就能馬上察覺了。至於為什麼會產生這些變化，等你長大後再回頭思考看看吧！

柳田國男

新版序

這本深受國內年輕人喜愛的《日本的昔話》，長久以來人氣不減，如今要進行如此大規模的修訂，實在不是一件容易的事。然而，明知困難，我依然念念不忘，希望能讓這個心願實現。

隨著年歲漸長，世事變遷劇烈，我在試圖應對各種挑戰時，經常因為現實問題而暫時擱置了這項計畫。此外，我的同伴中，對這個方向特別投入的人並不多，有些甚至選擇轉換跑道，導致難以找到為這項事業一同努力的人。因此，這項心願終究只停留在「如果能實現該有多好」的期盼與推測中，無法真正付諸行動。

然而，這本《日本的昔話》卻又幸運地得到丸山[1]與石原[2]兩位女士的全心投入。她們雖然深受時代動盪之苦[3]，卻始終專注於這項事業。至於我這個年邁的老人，有時會因心力交瘁而心生絕望，甚至自嘲：「乾脆把整理昔話的事全都交給她們吧！」

加上，偶爾我也會想，如果任由現狀自然演變，這些跨越千年的

1 丸山久子（一九〇九～一九八六年）。自一九四二年起，開始在柳田國男的指導下工作，並與池田弘子一起參與《日本昔話名彙》的編纂工作。研究重點除了昔話，還包括兒童的遊戲與生活，著作有《兒童與語言》、《陸中的隱密念佛》等。

口述傳承（那些早於文字記錄、流傳於世的「故事」），可能會如碎片般散失無蹤。這讓我不禁心生悲嘆，備感無力。

然而，兩位女士不僅充分理解我這種既感慨又脆弱的心情，更勇敢接下這項艱鉅的任務。她們的努力使得這次的修訂得以實現。當然，這次的改訂版並非終點，如果有機會，我希望能夠培養更多志同道合之士，將日本發展成一個研究昔話的中心。

一本薄薄的小書，卻配上一篇洋洋灑灑的序言，似乎有些滑稽。但既然有不少人願意細讀，我便稍作補述，聊表心意。

《日本的昔話》首次問世已是三十年前的事了。這三十年間，我的學問有所精進，昔話的採集數量也大幅增加。最初僅限於本島北端，如今範圍已延伸至全國，涵蓋一半以上的縣市與郡，甚至遠至南方的奄美群島與琉球群島。

當然，我們採集到的故事中有些內容詳盡，有些較為簡略；有些忠於原貌，也有些因遺忘部分內容而經過後人補充。無論如何，基於採集到的故事數量之多，我們可以大膽地說，沒有任何一個故事是僅存在於某一特定地區，而其他地方並沒有的。換句話說，所有故事都

2 石原綏代（一九一五～一九七三年）。在柳田國男的指導下，與關敬吾共同參與《日本傳說名彙》的編輯工作（由日本放送協會於一九五〇年出版）。擁有許多翻譯作品，包括柳田國男的《先祖的故事》（與芬妮·哈金·梅爾〔Fanny Hagin Mayer〕合作翻譯，由文部省於一九七〇年出版），以及斯蒂

能在不同地區找到類似的版本。

如果真有某些故事只存在某個特定地區，那就是非常罕見且珍貴的遺存了。不過只要特別留意，有時就能在相隔甚遠的地方意外發現相似的故事類型，讓人倍感開心，而且要辨別是真的民間傳說，還是後人的模仿之作，其實並沒有那麼困難。

關於「昔話」的「話」，雖然無法確切證明這個用法起源於何時，但至少並未出現在中古以前的文獻中。在東北地方，至今仍以「語」來表示。或許正如《今昔物語》般，昔日的日常談話稱作「物語」，後來語義漸趨狹隘，專指莊重的敘述，於是才改以「話」來表示吧。

至於有人認為這些都是隨口胡說的故事，所以用「話」來表示，這種說法是完全不足採信的。而且至今在中部以西地區，「話」當動詞使用的情況並不普遍。深究之下，或許「昔話」的使用另有其含義。

例如，南島古老的神歌中常有「很久很久以前」這樣的用法，表示事情不是發生在現在，但也不確定是發生在過去的什麼時候。也就是說，人們似乎一開始就打算把「昔話」放在一個可以是非常遙遠的過

思・湯普森（Stith Thompson）的《民間故事》（與荒木博之合作翻譯，由社會思想社於一九七七年出版）。

3 時代動盪之苦可能是指戰爭。《日本昔話名彙》的編纂工作於一九四〇年由日本放送協會委託柳田國男展開。丸山久子在戰爭期間持續編輯此書，最終於一九四八年戰後出版。在此期間，丸山久子位於東京的住所曾因空襲遭到燒毀。

去，也可以是相對較近的過去，反正是無法明確指出的時間背景中。

這與現代文學的習慣或許有所不同，而我個人認為，將「昔話」放在一個無拘無束的境界，似乎是一種追尋夢境的形式。因此，即使西方多國已開始使用「民話」或「民間故事」這類名稱，我也無意追隨這種命名。那些腦中記得無數昔話、願意將它們傳給子孫的老人，根本無法理解「民話」的概念。而會問「什麼是民話？」的人，其實都知道故事的原始形式，並且想要忠實地傳承給下一代，保持故事的真實性與完整性。

即使是民謠，雖然有人認為情況類似，但因為它屬於文學範疇，年輕人較易模仿學習而得以迅速傳播或改編，傳承過程相對順暢。然而，我們珍視的昔話，記得的人已經越來越少，尤其在戰亂期間損失慘重。經歷這麼多艱辛才勉強在各個村莊角落殘存下來的故事，我們難道要坐視它們消失殆盡嗎？

現在才提起這些事似乎太晚了，許多人可能早已放棄，但我們還是做了一些努力。只不過，這本《日本的昔話》依然是三十年前那個採集活動尚未普及的時代所編纂的，因此其中存在一些令人不滿意的地方。

在某些故事來源已枯竭的地區，比如那些小島嶼，年輕人匆忙離開家鄉，當他們回來時，喜愛講故事的老人早已作古，再也無從詢問。而在一些工廠或城市鬧區，因語言混雜、心境隔閡，乃至無人願意花時間收集資料，這樣的情況也是屢見不鮮。即使如此，我相信仍有人能對這些努力會心一笑，甚至在聽到某些故事後拍手稱讚，表示認同。

令我印象深刻的是昭和十一年（一九三六）秋天，我們製作了一本名為《昔話採集手冊》的小冊子，分發到一些偏遠地區的小學。手冊中收錄了大約一百種廣為人知的昔話概要，而且後面都刻意留下了一些空白頁，供讀者填寫新收集到的內容；卷首則簡單說明採集的要點，方便讀者參考使用。我們還附上一封信，表示如果填寫完成並寄回手冊，我們會再寄上一本新的手冊。雖然最終我們並未收到任何一本填寫完整的手冊，卻收到不少感謝信及回覆。

比如栃木縣，那是一個擁有很多昔話的地方，但或許追求完美，或許只是因為忙碌，並沒有人將手冊填寫完成後寄回。但有一位山村的小學校長，我不記得他的名字了，曾經寫信告訴我，他把手冊帶回家，然後與母親、妻子及孩子圍坐在爐邊，將手冊的內容讀給他們聽。他在信中表示，當時爐邊的氣氛寧靜，母親與妻子都聽得屏息凝神，甚至感嘆：「東京竟然還有人願意聽這樣的故事。」

我將這封信拿給年輕人，鼓勵他們過幾天親自去拜訪那個地區，但後來大概不了了之了。現在回想起來，這樣的方法確實操之過急。如果不那麼嚴格，即使無法完成全部內容，只要寫滿三分之一，或許就有可能收到寄回來的手冊。顯然當初的計畫過於拘泥形式，帶著一種近乎美式的事務性思維，缺乏對實際情況的細膩考量。

有人批評說：「這不是理所當然的嗎？現在這個時代，哪還會有人願意參與這樣的計畫？」然而，我覺得當時的「現在這個時代」與今天的情況並不相同。在出版這本手冊的幾年前，我們曾經利用一本非常暢銷的雜誌《旅行與傳說》，連續兩期推出昔話專輯，向全國讀者徵求當地的昔話。

投稿者中有一些是我認識的人，而且我們最後收集到的稿量，差不多可以編成一本書了，甚至還留下了許多不合適的稿件。在昭和六年（一九三一）出版的第四卷第四期雜誌中，我還寫了一篇題為〈昔話採集指引〉的文章，後來還被出版成書並保存至今。那一次並未帶來特別意外的經驗，卻明顯激發出地方學者的熱情。

到了三年後的昭和九年（一九三四）十二月號，投稿者中出現了一些新面孔，但也摻雜了一些並非採集而來的新創作品，其中甚至包括帶有共產主義教育意識的「民話」。我之前雖然聽過這樣的風聲，但此次的徵稿活動讓我切實感受到這種方式似有一定的系統性，已經悄然滲入我們的領域。

對我來說，這是一段重要的經驗，雖然文藝創作容許這麼做，畢竟這是屬於個人自由，但我們的目標始終是史學的探索，因此，我們對於那些以虛構內容冒充昔話的行為保持高度警惕，認為這樣做是不對的。

直到最近，仍有一些帶有特定目的的虛構故事，披上「民話」的外衣散播開來。姑且不論其中隱藏的主義或政策，這樣的故事若被稱為「民話」，不僅違背文字的本義，也侵害了真正的民話文化。正因為如此，我們才刻意避免使用「民話」這個稱呼，並希望日本各地的村民也不要採用這種混淆不清的用語。

雖然話題有些冗長，但最後仍有兩件事必須向大家報告。

首先，我曾企劃一本名為《昔話研究》的小雜誌，這本雜誌自昭和十年（一九三五）五月起，由《旅行與傳說》接手發行了一整年。然而，接下來的一年多時間，接棒的某書院因為新開業而實力不足，導致該雜誌只維持到第二年度便告終止。我們的事業雖然輕鬆起步，但最終受挫，未能取得令人滿意的成果。

相比之下，《旅行與傳說》卻展現出堅韌的生命力。這本雜誌的創辦人萩原正德[4]懷著對故鄉奄美群島的深情，結交了島內外許多朋友，從昭和三年（一九二八）創刊，一直堅持到昭和十八年（一九四三）接近尾聲，毫不中斷地出版雜誌，開拓出許多未知的領域。

在這段期間，包括學士院的中村清二[5]教授在內，許多意想不到的學者以極為自由的心態撰寫自己的旅遊經歷與感想。我比較不喜歡推銷個人的意見與想法，但有空時，我仍然樂於為這本雜誌撰稿，目前已累積到足以集結成幾本書的分量了。更重要的是，來自奄美群島甚

4 萩原正德（一八九五～一九五〇年）。出生於奄美大島，主要從事照片製版業。編輯、發行《旅行與傳說》雜誌。該雜誌於一九二八年創刊，後因戰時紙張管制，於一九四四年一月的

至是沖繩的學子，總是利用各種機會談論他們的家鄉島嶼，其中，更有一位來自喜界島的傑出學子岩倉市郎，為世人留下許多再也無法創作出來的珍貴紀錄，意義非凡。

我的昔話研究雖然不夠完善，但我總是習慣將南北各地的事物一併思考，並享受從中湧現的各種靈感。可以說，這件事很大程度上是受到《旅行與傳說》的啟發，讓我不斷尋找南方島嶼的民間傳承，特別是各個島嶼的昔話，才有這樣的成果。

例如，我原本打算在這篇序言中提到的〈灰坊太郎〉[6]的故事，最早讓我印象特別深刻的就是沖永良部島的版本。這個版本的故事與西方的〈灰姑娘〉有著相似之處：織女總是被安排坐在爐灶旁，因而被稱為「灰姑娘」。日本的年輕人或許只關注「灰姑娘」的美麗，卻不知道這與日本的〈米袋與粟袋〉故事實為同源。即使有人知道英國民俗學家、童話灰姑娘形態學研究先驅瑪麗安．羅爾夫．考克斯（Marian Roalfe Cox）的大作，也很少有人注意到，早在西元八世紀，中國的《酉陽雜俎》中已記載了類似的故事。

第十七卷第一號（總卷第一九三號）後停刊。期間曾發行以昔話、婚姻、誕生與喪禮等為主題的許多重要專刊。

5 中村清二（一八六九～一九六〇年）。物理學家，東京帝國大學教授。鑽研古文化財的科學調查等眾多領域。著有《物理實驗法》等。

6 一個滿身是灰的澡堂燒柴男子與富翁之女結婚的故事。此外，這個名稱也遍指以男子為主角的繼子故事。

未來我們想探討的不僅是這些昔話的相似性，還想追問一個更深層的問題：為何在遙遠的異國，會有如此相似的故事以不同的語言流傳著？如果只是找外國人討論，他們或許會簡單地歸因於傳教士的傳播，但我們應當耐心傾聽鄰居老人們的敘述，才能有更深入的理解。只不過，老人如果像我這樣講話又臭又長，恐怕早就被淘汰了吧。

柳田國男

昭和三十五年四月

1 猴子的尾巴為什麼這麼短？

很久很久以前，猴子的尾巴曾經長達三十三尋（大約五〇至六〇公尺）。就是因為被熊騙了，尾巴才會變得像現在這麼短。

有一天，猴子去拜訪熊，詢問怎麼樣才能從河裡抓到很多魚。熊便告訴猴子：「在這樣寒冷的夜晚，找一處深潭上的岩石坐下來，把尾巴浸在水裡試試看吧，一定會有各種小魚游過來黏住尾巴的。」

猴子聽完高興極了，立刻依照熊的指示去做，耐心等待著。不一會，夜色漸深，猴子感覺尾巴越來越重。其實，是水面結冰了，但猴子以為是魚黏在尾巴上。

猴子心想：「這樣應該已經抓到夠多的魚了吧。天氣實在太冷，該回家了。」當他想要把尾巴拉出水面時，卻怎麼也拔不出來。

猴子大驚失色，用盡全力狂拉猛扯，結果尾巴從根部「啪」地一聲斷掉了。

有人說，猴子的臉之所以紅紅的，就是那時候用力過猛的關係。

（島根縣松江。《日本傳說集》，高木敏雄）

2 沒有骨頭的水母

很久很久以前，龍宮的王妃在臨盆之前突然生出了一個奇怪的食慾，說想要嘗一嘗猴子的肝。龍王為了滿足王妃，召來家臣海龜，問他是否有辦法實現這個願望。

海龜是一位非常有智慧的老臣，他立刻前往日本的島嶼，發現一隻正在海濱山林間玩耍的猴子。海龜對猴子說：「猴子先生，你願意來龍宮做客嗎？那裡有高大的山峰，還有各種美味佳餚。如果你想去，我可以背你過去。」說著，海龜便把自己寬厚的背部展示給猴子看。

猴子聽得心花怒放，滿心期待地上了海龜的背，展開了龍宮之旅。果然，龍宮比傳說中還要壯麗迷人，宮殿金碧輝煌，美不勝收。

當猴子站在宮殿門口等著海龜帶他進去之際，守衛水母瞧見他，不禁笑出聲來，說道：「猴子先生，你真是什麼都不知道啊！」

「龍王的王妃想在生孩子之前吃到猴子的肝，這才把你當成貴客給請過來的！」

猴子聽了之後大吃一驚，但他迅速鎮定了下來，一副若無其事的樣子。

不久，海龜回來了，對猴子說：「好了，跟我來吧！」

猴子靈機一動，對海龜說：「海龜先生，我真是糊塗啊！這樣的天氣我應該帶上我的肝的，可是我把肝掛在山裡的樹枝上晾乾，忘了帶過來了。如果現在下雨，那就糟糕了，我怕肝會被淋濕。」

海龜一聽嚇了一跳，說：「什麼？你竟然把肝留在山裡！那我們只能跑回去把它拿過來了。」於是，海龜又背著猴子返回原來的海岸。

一到岸邊，猴子立刻跳上岸，飛快地爬到最高的樹頂，若無其事地對四周張望。

海龜急了，喊道：「猴子先生，你這是怎麼回事？」

猴子笑著回答：「海中無山，身外無肝！哈哈哈！」

海龜這才明白，猴子早已聽門口那多嘴的水母說出了祕密。於是氣急敗壞地回到龍宮，把事情一五一十秉告龍王。

龍王大怒喝斥：「這隻水母簡直不可饒恕！」於是下令剝去水母的皮，抽掉所有的骨頭。

從此，水母就變成如今這副柔軟無骨的模樣了，這就是多嘴而受到的懲罰。

（《沙石集》五）

3 麻雀與啄木鳥

很久很久以前，麻雀與啄木鳥其實是親姊妹。

某天，她們接到消息，說生病的父母情況危急，恐怕快不行了。

當時，麻雀正在化妝，將牙齒染黑，聽到消息後立刻飛奔回家照顧父母。因此，麻雀的臉頰上至今還帶著汙跡，而且上喙的一半仍是白色的。

另一方面，啄木鳥卻慢條斯理地塗口紅、抹白粉，打扮得漂漂亮亮才出門。結果，等她到家時，已經錯過了跟父母見上最後一面的機會。

於是，麻雀雖然外表不算漂亮，但因為孝順，得以生活在人類居住圈，隨時享用人類栽種的穀物。反觀啄木鳥，儘管妝容美麗，但得一大早就在森林裡奔波，「咚咚咚」地啄樹皮，一整天好不容易才能捕捉到三隻蟲子裹腹。

到了夜晚，啄木鳥也只能回到樹幹的洞穴裡，淒涼地哭泣著：「唉，我的嘴巴好痛啊……」

（青森縣北津輕郡松島村米田小字末廣。《津輕口碑集》內田邦彥）

4 鴿子的孝行

很久很久以前，有隻鴿子非常倔強，完全不聽父母的話。父母要他到山上去，他偏偏跑到田裡；要他去田裡，他又跑到菜園幹活。

父母臨終前，其實希望能埋葬在安靜的山林中，但他們知道鴿子一向愛跟他們作對，於是反其道而行，特地囑咐鴿子把自己葬在河灘邊。

鴿子在父母過世後，終於明白自己不聽話的行為有多麼不對，於是決心遵從父母的遺言，真的在河灘邊蓋起了墓。然而，河邊的水流無情，每逢河水暴漲，墓地便隨時可能被沖走，這讓鴿子憂心不已。

從此，每當天氣陰沉，即將要下起大雨，鴿子就會想起這件事而悲傷起來，不斷哀鳴：「咕咕啵啵……好想父母啊！」

如果能早點乖乖聽從父母的話，就不會有今天的懊悔與遺憾了。

（石川縣鹿島郡。《鹿島郡誌》）

5 杜鵑鳥兄弟的故事

很久很久以前，杜鵑有一位非常善良、貼心的弟弟。

每年到了五月，弟弟便會到山上挖許多山藥，煮熟之後，總是將最好吃的部分留給哥哥享用。

然而，哥哥卻心存懷疑，認為弟弟一定私藏更美味的山藥，自己偷偷享用了。懷疑與嫉妒逐漸加深，終於有一天，哥哥心生惡念，拿起菜刀，殘忍地殺害了溫柔的弟弟。

哥哥剖開弟弟的肚子，發現裡面竟然全是纖維雜多且味道不怎樣的山藥，這才明白，弟弟是真的將最好的山藥留給他。犯下大錯之後，哥哥後悔不已，悲痛萬分，最終化作了杜鵑鳥。

因此，直到今天，每逢山藥成熟的季節，杜鵑鳥都會飛來飛去，悲鳴不止。如果仔細聆聽，那悲哀的鳴聲彷彿是在說：

思念弟弟，

掘山藥，煮來給他吃。
懷念弟弟，
挖山藥，煮來給他嘗嘗。

（富山縣）

6 杜鵑鳥與伯勞鳥

很久很久以前，據說杜鵑鳥曾是一位專門製作馬蹄鐵的鐵匠，而伯勞鳥則是一位趕馬的馬伕。那時，伯勞馬伕總是找杜鵑幫忙打造馬蹄鐵，卻從不支付工錢。杜鵑老想著這筆欠款，至今仍時常在啼叫中追問：「馬蹄鐵的工錢怎麼辦？」

每當杜鵑發出這聲鳴啼，伯勞總是羞愧到無地自容，於是選擇躲起來避不見面。然而，為了平息杜鵑的不滿，伯勞會將各種小蟲子插在樹枝上，藉此討好杜鵑，以表歉意。

（和歌山縣那賀郡。《鄉土研究》第四卷第七期）

此外，也有另外一種說法，但究竟哪個版本才是真的，不得而知。很久很久以前，伯勞鳥特別喜歡喝酒。某次，杜鵑將錢交給伯勞，請他去購買佛龕與佛像，但伯勞卻把這筆錢拿去買酒喝光光。於是，每當杜鵑在特定時節啼叫：「本尊安置好了嗎？」其實就是在催促伯勞履行承諾。

伯勞對這種質問感到窘迫不已，於是選擇保持沉默，盡量避免露面。據說，伯勞鳥臉上的紅色，是因為喝了太多酒所致；不過，也可能是因為羞愧難當，才顯得滿臉通紅。

（和歌山縣有田郡。《鄉土研究》第四卷第四期）

7 一隻腳綁上綁腿帶的鳥

很久很久以前，有一隻名叫「德房」的小鳥。某天，他在結實纍纍的麥田裡啄食麥穗，不小心被麥殼刺傷了喉嚨，痛苦不已。他的好友小鳥見狀，急忙飛去通知他的母親。

當時，母親準備外出工作，正在綁上綁腿帶。聽到消息後驚慌失措，只綁好了一邊的綁腿帶就匆匆趕去救孩子。很遺憾，等她趕到時，孩子已經不幸離世了。

從那以後，每年麥穗成熟的時節，母親便會一邊鳴叫：「房啊！德房啊！」一邊悲傷地四處尋找孩子的蹤影。據說，這種鳥至今依然只有一隻腳上長有羽毛，另一隻腳則彷彿還穿著當年倉促綁上的綁腿帶。

（廣島縣佐伯郡大柿町。

《藝備叢書昔話之研究》廣島師範鄉土研究室編）

8 借錢給人的雲雀

很久很久以前，有一隻雲雀從事借錢給別人的錢莊生意。他曾經借了一筆錢給太陽，但太陽遲遲沒有償還。於是，每當雲雀啼叫：「給錢！給錢！給錢！」就是他在向太陽討錢。

雲雀總是這樣一邊啼叫一邊飛向天空，親自向太陽追債。然而，當他接近太陽，被烈日炙烤得受不了，便只好改叫成：「真熱！真熱！真熱！」然後匆匆飛回地面。

（石川縣河北郡高松町。《加能民俗》十五號）

不過，在另一個地方，根據當地人的說法，雲雀曾經把錢借給了畫眉鳥。

雲雀經常啼叫：「快還錢！快還錢！快還錢！」來催促還債，而畫眉鳥總是回答：「慢慢還！慢慢還！慢慢還！」

（鹿兒島縣肝屬郡。《大隅肝屬郡方言集》野村傳四）

9 纏繞絲線的蚯蚓

很久很久以前，蚯蚓與癩蛤蟆決定各自製作一件衣服來穿。他們一邊討論，一邊規劃自己的設計。

蚯蚓說：「我要穿一件美麗的衣服，所以要用細緻的絲線，慢慢地、一針一線地縫製。」

癩蛤蟆則說：「我可不想花太多時間，我要用粗一點的線，趕快做好就行了。」於是，他們各自開始製作自己的衣服。

癩蛤蟆果然按照自己的計畫，用粗大的棉線草草縫製了一件衣服，沒多久就穿上身了。

而蚯蚓呢，他則是用纖細、美麗的絲線仔細地縫製。但因為線太細了，花了非常多時間。更糟糕的是，細絲線最後糾纏不清，變得一團糟，讓蚯蚓束手無策。

無計可施的蚯蚓，只好將那些絲線繞成一束，纏在脖子上。從此以後，蚯蚓的脖子上便留下了這些絲線的痕跡。而癩蛤蟆至今依然看起來邋邋遢遢的，據說就是因為他仍穿著當年那件粗製濫造的衣服呢。

（大分縣大野郡上井田村。《直入郡昔話集》鈴木清美）

10 貓頭鷹的染坊

很久很久以前，貓頭鷹經營了一家染坊做生意，專門為許多小鳥染製各種衣服。

那時，烏鴉非常講究打扮，總是穿著一身潔白的衣裳，自信地在天空中飛翔。有一天，烏鴉來到貓頭鷹的染坊，提出一個特別的請求：「請幫我把衣服染成一種全世界獨一無二的顏色吧！」

貓頭鷹滿口答應，於是用黑得像木炭的顏料將烏鴉的衣服染得烏黑發亮，然後自豪地對烏鴉說：「這就是全世界獨一無二的顏色。」

但是，烏鴉看到自己純白的衣服變得漆黑如炭，立刻氣得暴跳如雷，卻也無可奈何。從那時起，烏鴉便懷恨在心，每當見到貓頭鷹，便怒氣沖沖地欺負他。

因此，至今貓頭鷹仍躲在森林深處，不敢在烏鴉活動的時候現身。而如果不小心被烏鴉發現藏身之處，貓頭鷹便會遭到一番惡整。

（岩手縣岩手郡平館村〔現今的八幡平市〕。《日本傳說集》高木敏雄）

11 鶺鴒也是老鷹的好朋友

很久很久以前，許多老鷹聚在一起大辦酒宴，這時，一隻小小的鶺鴒[1]飛過來，請求加入他們的行列。

那些老鷹瞧不起鶺鴒，對他說：「想加入我們，就去抓一頭野豬來吧。要是你能抓到野豬，我們就讓你參加酒宴。」

聽到這話，鶺鴒立刻飛走，找到一頭累得睡著了的野豬，飛進他的耳朵裡。野豬驚醒，嚇得拔腿狂奔，但鶺鴒在他耳朵裡不停地掙扎，使野豬痛苦不堪，亂竄亂撞，最後一頭撞在岩石上，不幸身亡。

鶺鴒驕傲地回到老鷹那裡，宣告自己的成功，於是順利加入酒宴，與老鷹們同歡。

然而，這時一隻名叫熊鷹的大老鷹不服氣，也飛出去想要表現一番。他遇到兩頭一起奔跑的野豬，心想要一次捕捉兩頭，於是右腳抓住一頭，左腳抓住另一頭。沒想到，兩頭野豬朝相反方向狂奔，結果，

1 雀形目鶺鴒科的鳥類總稱。棲息於日本的是狹義的鶺鴒，成鳥全長約一〇．五公分，呈帶有條紋的黑褐色。冬季棲息於人家附近，到了初夏繁殖時期，則棲息於山地溪流附近的森林中。以蜘蛛及昆蟲為主食。

貪心的熊鷹被硬生生撕裂了雙腿。

（兵庫縣。《民族》第一卷第五期）

12 狸貓與田螺

很久很久以前，狸貓邀請田螺一同前往伊勢大神宮參拜。他們一路同行，直到旅途的最後一天，田螺對狸貓提議道：「喂，狸貓君，光是這樣走路太無聊了，不如我們來比賽跑步，看看誰先到伊勢大神宮的鳥居吧！」

狸貓聽了欣然同意，開始做準備，而田螺則悄悄揭開自己的殼，快速地咬住了狸貓尾巴的尖端。這樣一來，田螺根本不用費力就隨著狸貓的奔跑輕鬆前進了。

當他們終於接近伊勢大神宮的鳥居，興奮的狸貓得意地搖起那粗大的尾巴。不料，尾巴撞上了石牆上的石頭，發出「啪嗒」一聲，田螺的貝殼被撞碎了一半，田螺也滾落到地上。

即使如此，狡猾又愛逞強的田螺忍住疼痛，對狸貓大聲說：「喂，狸貓君，你怎麼這麼慢啊？我早就到這裡了，還脫下外套休息了一會兒呢！」

（和歌山縣有田郡。《有田童話集》森口清一）

13 貉、猴子與水獺

很久很久以前，貉、猴子與水獺三人結伴前去參拜彌彥[2]，途中撿到了一些東西：一張蓆子、一袋鹽與一升豆子。他們商量了許久，始終無法決定如何分配這些物品。

貉自認聰明，便提出建議：「猴子先生，你可以把蓆子帶到山上的樹頂，鋪開來觀賞四周的美景。水獺先生，你可以把鹽撒進有魚的池塘裡，這樣魚就會浮上來，你就很好抓了。至於我，就拿豆子來吃吧。」猴子與水獺一聽，竟不假思索地同意了。

猴子高興地把蓆子帶到樹頂，準備展開來欣賞風景，沒想到一站上去就滑倒而摔下來，還扭傷了腳。水獺找到了一座池塘，將一袋鹽撒進去，接著下水抓魚，卻因鹽水刺痛眼睛，弄得雙眼紅腫疼痛。

兩人狼狽不堪，氣得直罵：「這全都是貉的詭計！」決定一起去找貉理論。

當他們來到貉的家裡，貉已經把一升豆子全都吃光了，還和他的

2 可能指參拜位於新潟縣西蒲原郡彌彥村的彌彥神社。該神社的主祭神「天香山命」為越後地區文化與產業的始祖神，深受當地民眾崇敬。

妻子合作，把豆殼夾在毛裡，假裝痛苦地呻吟說：「我們吃了豆子後全身長滿膿瘡，實在太痛苦了！」

猴子與水獺見狀，竟然再次受騙，心想：「既然大家都吃了苦頭，那就算扯平了吧。」然後垂頭喪氣地回家去了。

（新潟縣南蒲原郡。《越後三條南鄉談》外山曆郎）

14 猴子、貓與老鼠

很久很久以前，有一對老公公與老婆婆相依為命。老婆婆很勤奮地織布，老公公則把織好的棉布包進包袱，帶到各地城鎮去兜售。

有一天，老公公去城裡賣布，回程走在山路上的時候，遠遠看到山林中一棵樹上有一隻大母猴，而獵人正拿著槍準備射擊。

母猴雙手合十，做出懇求的樣子，似乎在乞求獵人放過她。老公公覺得獵人太殘忍便跑過去阻止，不料獵槍走火，打傷了他的肩膀。

獵人嚇得逃之夭夭，而這時候，不知從哪裡跑來一群小猴子，拚命幫老公公治療傷口，還帶他回到猴子的家，享用豐盛的款待。

老公公表示，老婆婆現在一定很擔心，所以得回家了。猴子們為了表達感恩，送給老公公一件謝禮，叫做「猴子的一文錢」。猴子說：「這是世上最珍貴無比的寶物，要送給我們的救命恩人。只要供奉這一文錢，就會變得很有錢。」果然，正如猴子所言，老夫婦不久後便成了大富翁。

原本老婆婆看到老公公在年關將近時竟然沒賣出任何棉布就回來，氣得大發雷霆。但多虧了那枚「猴子的一文錢」，他們很快就發大財，成為富有的人家。

但鄰居中有個心術不正的人，聽說老夫婦突然暴富，便悄悄偷走這件寶物。

老公公與老婆婆發現後大為震驚，四處尋找，卻怎麼也找不到寶物的下落。於是，他們喚來家中的貓「小玉」，對他說：「小玉啊，如果你在三天內找到猴子的一文錢，我會重重獎賞你；但如果找不到，我就用這把亮閃閃的短刀懲罰你！」

小玉聽完後，立刻飛奔出去，捉住了一隻老鼠，對他說：「老鼠啊，我們家老公公的寶物不見了。三天內你要是能幫忙找到，我就放過你，要是找不到，我就要把你從頭到尾吃個精光！」

老鼠害怕極了，於是挨家挨戶搜尋，最後終於在隔壁那個壞人的家中，發現寶物藏在抽屜裡。老鼠咬開抽屜，把猴子的一文錢拖了出來，交給小玉。小玉高興地叼起寶物，帶回去交給了老公公。

老公公、老婆婆、貓小玉與老鼠都開心極了，從此一起過著富裕幸福的生活，真是可喜可賀啊！

（鳥取縣八頭郡。《因伯童話》）

15 猴子與癩蛤蟆的搶年糕大賽

很久很久以前，在某座山中，猴子與癩蛤蟆相遇了。

新年將近，山下村裡到處響起熱鬧的搗年糕聲。猴子對癩蛤蟆說：「喂，癩蛤蟆老弟，咱們有沒有辦法弄到一臼年糕來吃呢？」於是，兩人在山中商量好計謀，一起悄悄溜下山。

一開始，猴子先來到村裡的大戶人家，躲在後院中；癩蛤蟆則悄悄跟上，直接「噗通」一聲跳進庭院的池塘裡，水花四濺，發出巨響。

正在忙著搗年糕的年輕人聽到聲音後，驚慌失措地大喊：「不得了啦！小少爺掉進池塘裡了！」他們匆忙放下臼與年糕，全都跑到池塘邊查看情況。趁著這個空檔，猴子輕巧地抱起一整臼年糕，迅速逃回山上；癩蛤蟆則慢吞吞地跟在後頭爬了回來。

「喂，癩蛤蟆老弟，這些年糕與其我們兩個分著吃，還不如就讓年糕連同臼一起滾下去，咱們看誰先追上就全歸誰，怎麼樣？」猴子提議道。

癩蛤蟆心想：「這對我可不公平啊！我的腿跑得這麼慢，肯定追不上啊！」雖然有些不情願，但他還是答應了。於是，兩人大喊：「一、二、三！」將裝著年糕的臼推下山谷。靈活的猴子立刻跳下山坡追趕，而癩蛤蟆因為動作遲緩，只能慢吞吞地一步一步往下爬。

結果運氣站在癩蛤蟆這邊，年糕竟然從臼裡滑了出來，吊在路旁一棵萩樹的枝條上。癩蛤蟆看到這「天降美食」，暗自竊喜，馬上坐在年糕旁，悠哉地獨自享用。

不一會，追著空臼白跑一趟的猴子氣喘吁吁地爬了上來，見到癩蛤蟆正在吃年糕便抱怨道：「喂，癩蛤蟆老弟，怎麼你先吃了？我看你先從這邊開始吃比較好啦。」

癩蛤蟆咬著年糕，不急不徐地回答：「什麼呀，這可是我的年糕，我想從哪裡吃就從哪裡吃，你管得著嗎你！」

（新潟縣南蒲原郡。《越後三条南鄉談》外山曆郎）

16 古屋的漏水

很久很久以前，在一個下雨的夜晚，老公公與老婆婆因無法入睡而聊起天來。兩人說道：「比虎狼還要可怕的，是老房子的漏水啊。」

這話正巧被路過的虎狼聽到了。虎狼心想：「居然世界上有個叫『漏水』的傢伙比我還可怕嗎？那我可不能大意了。」當他正在思索著這件事，來了一個馬賊，誤把虎狼當成馬，跳到他的背上。虎狼大驚，心想：「糟了！一定是那個可怕的『漏水』抓住我了！」於是拚命狂奔，直到將馬賊狠狠甩下來，把他摔進路邊的一口空井裡。

不久，一隻猴子經過，上前詢問：「你在幹什麼？」

虎狼回答說：「井裡藏著那個叫『漏水』的妖怪！」

猴子不相信：「哪有什麼妖怪！我來檢查一下吧。」

這隻愛逞強的猴子把尾巴伸進空井裡探索。井底的馬賊見狀，立刻牢牢抓住了猴子尾巴；猴子嚇壞了，用力想把尾巴抽回來，結果尾巴從根部「啪」地一聲斷掉了！

據說，從那時候起，猴子的尾巴就變得又短又小了。

（熊本縣阿蘇郡。《日本傳說集》高木敏雄）

17 猴子女婿

很久很久以前，有一位老公公獨自一人在山裡的田地工作。田地廣闊，勞作辛苦，他感嘆道：「啊啊！哪怕是猴子也好，如果能來幫我一把，我就把三個女兒中的一個嫁給他！」

話音剛落，一隻猴子突然跳了出來，認真地幫老公公幹起農活。老公公心想：「唉，真是許下了個麻煩的承諾啊！」回到家後，他把這件事告訴三個女兒，徵求她們的意見。結果，大女兒與二女兒都氣得拒絕：「我們才不要嫁給猴子呢！」只有最小的女兒性情溫柔，說道：「既然父親您已經答應，那我就去吧。」

小女兒還說：「嫁妝只需要一個瓶子，裡面放滿縫針就可以了。」

第二天一早，猴子女婿穿戴整齊前來迎娶新娘。他把瓶子與縫針這些嫁妝背在身上，和新娘一路有說有笑，朝他居住的山裡走去。

山腳下有條深谷，谷中川流湍急，架著一座狹窄的獨木橋。正當兩人要過橋時，猴子女婿說：「要是生了男孩，該取什麼名字呢？」新娘回道：「既然是猴先生的孩子，那就叫『猿澤』吧。」猴子又問：「那要是女孩呢？」她回答：「這處山谷的紫藤花很漂亮，那就叫『阿藤』吧。」

兩人邊聊邊走過獨木橋。不料，橋面太過狹窄，稍一碰撞，猴子便失足掉入河川，連同背上那個裝著縫針的瓶子一起隨水沖走了。據說，猴子女婿被沖走時，淚流滿面，吟唱了一首哀傷的歌，歌詞至今仍流傳著。

猿澤啊，猿澤啊，
阿藤的母親哭了，真是可憐啊！

（廣島縣比婆郡。《民族》第一卷第六期）

18 大冠鷲的蛋

很久很久以前，村裡住著一位老農夫，他有個美麗的獨生女。

那時候正是插秧時節，老農夫到秧田巡視，發現一條蛇正在追逐小青蛙，把秧田弄得亂七八糟。老農夫喊道：「蛇啊，別追了！我將唯一的女兒許配給你吧。」

聽到這話後，蛇停止追逐，安靜地離去了。

從那天晚上開始，一位英俊的年輕人每晚深夜便來到老農夫家，陪伴他的女兒，而且天亮之前就會離開。這位年輕人來歷不明，讓老農夫十分在意。

某天，一位不曾見過的算命師路過老農夫家，老農夫請他進屋，然後幫忙算命。

算命師說：「你的女兒不是嫁給普通人，她的丈夫並非人類，而且她已經懷上了非人的骨肉。如果不想她遭遇不幸，只有一個辦法可救。」

「後山的大樹上有一隻大冠鷲築了巢，而且已經產下了三顆蛋。你讓你女婿去把那些蛋拿過來給你女兒吃，或許能保她平安。」

當晚，農夫把算命師的建議告訴了夜裡來訪的女婿。女婿爽快地答應了，並前往山上取蛋。這時候，他現出真身——一條大蛇，然後爬上大樹，嘴裡叼著兩顆蛋回來，當他再去取第三顆蛋時，被大冠鷲的父母發現，於是遭到猛烈的啄擊，最後一命嗚呼。

老農夫回到家後，那位算命師又出現了。他聽完老農夫的敘述後說：「既然如此，你的女兒已經平安無事了。為了讓她更加健康，請在三月三日準備祭拜供品時，將桃花放入酒中，拜完後讓她飲用。」

說完，這位算命師現出真身，原來他正是那隻曾被蛇追逐的小青蛙。他感激地說：「這是我報恩的方式。」隨即跳著跳著消失不見了。

從那以後，人們便在三月三日的節日裡，將桃花放入酒中飲用，祈求平安幸福。

（佐賀縣杵島郡。《民族》第三卷第三期）

19 春天原野上的故事

很久很久以前，村子裡住著一位貧窮的老公公。他每日辛勤工作，只為勉強糊口。

有一天，老公公心想：「今天是卯月初八，就讓自己休息一天吧。」但他仍有要事得出門一趟，於是帶上一壺早已買好的酒，打算途中可以喝上一杯，便獨自上路了。

那日天氣晴朗，山野間百花盛開，景色宜人。當老公公來到一片廣闊的原野，因為天氣好且感到有些疲倦，他便找了一塊合適的石頭坐下，準備喝一杯。

忽然，老公公發現腳邊有一具遺骨。他說：「這可真巧，雖然不知道你是誰，但正好跟我作伴。我不喜歡一個人喝酒，來，你也喝上一杯，陪我欣賞這片美景吧。」說著，老公公將酒杯倒滿，灑在遺骨上。他還愉快地唱起了歌，享樂一番後便繼續趕路去了。

傍晚時分，老公公辦完事情後返回，來到同一片原野。忽然，身後傳來聲音：「老公公，請等一下！」他回頭一看，只見一位十七、八歲的美麗女孩出現在眼前。

女孩說：「今天多虧了您，我心裡無比高興。三年前這個月的二十八日，我突然病死在這片野原，我的父母至今仍在四處尋找我，但始終沒能找到。直到昨天，我都過得十分孤單寂寞。請您在二十八日法會那天，不論有什麼事都務必再來這裡，然後陪我一起前往父母的家吧。」

到了二十八日，老公公如約來到原野，美麗的女孩早已在此等候。於是，兩人一同前往原野旁的村莊。

女孩的家是一座寬敞的宅院，今天因為有法會的關係，很多村民都聚集在這裡。老公公猶豫地說：「這麼多人，我可不敢進去。」女孩說：「那就抓住我的衣服，跟著我吧。」果然，兩人都沒被任何人發現，順利進入屋內，坐在供奉佛壇的房間裡。

房間裡擺滿了酒菜，女孩請老公公盡情享用。老公公便一邊喝酒，一邊挑自己喜歡的菜吃。而屋內的和尚與親朋好友卻覺得奇怪，因為自己的酒菜無緣無故消失了，現場紛紛議論。

這時，一名小侍女不小心打破了一只珍貴的盤子，主人嚴厲斥責她。女孩看到這一幕，悄聲對老公公說：「我不想再看到這樣的場景，我要走了。」老公公說：「那我也要走。」但女孩答道：「您留在這兒吧。」隨後便獨自離去。

女孩走後，老公公的身影突然出現在所有人面前。眾人問他是誰，從何而來，又如何進入屋內。老公公坦白地說出事情的經過。眾人聽完後皆驚訝不已，主人夫婦更是悲傷落淚。他們懇求老公公帶他們去原野找回女兒的遺骨。於是，老公公領著主人一家、親戚，以及寺院的和尚，前往原野取回遺骨，並為女孩重新舉行一場葬禮。

老公公也因此被這戶人家收留，再也不用忍受貧苦，幸福安然地度過一生。

（岩手縣上閉伊郡。《老媼夜譚》佐佐木喜善）

20 金斧與銀斧

很久很久以前，有個正直的樵夫每天都辛勤地進入山林採伐樹木。有一天，他在靠近池塘的森林裡工作時，因用力過猛，斧頭一下子飛進了池塘裡。失去這件珍貴的工具，樵夫愁眉不展，不知該怎麼辦才好。

就在這個時候，池塘裡冒出了一位白鬚飄然的老人，問他為什麼看起來愁眉苦臉。樵夫坦白地告訴老人，他不小心把斧頭甩進池塘裡了。老人聽後便說：「那麼，我幫你撈上來吧！」然後潛入池塘深處。

不一會，老人浮出水面，手裡拿著一把閃閃發光的金斧。「這是你掉的斧頭嗎？」老人問道。樵夫搖頭回答：「不是的，我的斧頭不是這麼華麗的。」老人點點頭，重新潛入水中，過了一會又帶著一把銀斧上來。「那麼，這把是你的嗎？」樵夫仍然搖頭：「不是的，我的斧頭只是普通的鐵斧。」

聽了樵夫誠實的回答，老人再次潛入池塘，這次他拿上來的是樵夫丟失的那把鐵斧。「這才是我的斧頭！」樵夫高興地叫了起來，連忙道謝並接過斧頭。老人見樵夫如此正直，感到十分欣賞，便說：「你是一個誠實的人，我就把金斧與銀斧當作獎勵一起送給你吧！」

樵夫既拿回了自己的鐵斧，又意外得到了金斧與銀斧，欣喜若狂，他忍不住把這件事告訴隔壁那個貪心的老頭。老頭聽完後，心生嫉妒，打算也去試試。

第二天，老頭故意來到池塘邊，把自己的斧頭丟進水裡，然後假裝愁眉苦臉地等待。不久，白鬚老人果然出現，問他怎麼了。老頭撒謊說，他不小心把斧頭掉進了池塘裡。老人聽完便潛入水中，不久帶著一把金斧浮出水面。「這是你掉的斧頭嗎？」老人問道。貪心的老頭迫不及待地說：「是的，就是這把！」

聽到老頭的謊言，老人臉色一沉，怒氣沖沖地說：「像你這樣的騙子，不配擁有任何斧頭！金斧、銀斧，甚至是你的鐵斧，我都不會給你！」說罷，老人帶著所有斧頭消失在池塘深處，再也沒有出現過。

（大分縣直入郡久住町〔現今的竹田市〕。《直入郡昔話集》鈴木清美）

21 黃金小石臼

很久很久以前，在奧州一座名為「溝呂沼」的池塘邊，住著一對農夫兄弟。哥哥有些愚笨，弟弟則相當聰明伶俐。弟弟常常命令哥哥做粗活，每天都派他到池塘邊割草，讓哥哥辛苦不已。

有一天，一位美麗的女子從溝呂沼中走出來，手裡拿著一封信，請哥哥幫忙把信送到「御駒嶽」山腳下的「八郎沼」。她說：「到了八郎沼後，站在岸邊拍手，到時候會有一位年輕的女子從水裡出來，你再把信交給她就好了。」

哥哥一口答應，毫不猶豫地拿著信前往八郎沼。按照指示，他在岸邊拍了拍手，果然有一位美麗的女子從沼中現身，接過信並閱讀起來。然後，這位女子說：「聽說溝呂沼的姊姊經常受到你的照顧。這信上提到的物品，我現在就去幫你拿過來，請稍等片刻。」說完，她回到水中，過沒多久，手裡捧著一個小小的石臼再次現身。

女子說：「這是世間絕無僅有、最珍貴的寶物，但既然是姊姊的吩咐，就交給你吧。這個小石臼只需放入一粒米，轉動後便會生出一粒黃金。不過，你回家後必須在庭院的角落挖一個小池塘，無論早晚都要從池塘中取水，供奉在石臼前。」說完，她將石臼交給哥哥後，便消失在水中。

哥哥將小石臼帶回家，每天都取出一粒黃金，過著輕鬆愉快的生活。弟弟發現哥哥近來既不割草，生活又過得很愜意，不禁起疑，於是偷偷窺探哥哥的日常作息。這一看不得了，弟弟發現哥哥居然在轉動一塊神奇的石臼！

貪心的弟弟趁哥哥不在家時，偷偷從佛壇邊翻出石臼，放入一粒米後加以轉動，果然轉出了黃金。

弟弟驚訝不已，但並不滿足，心想要一次轉出更多的黃金，於是將一整碗米倒進石臼裡，開始拚命轉動。

然而，小石臼突然滾動起來，一路滾向庭院的池塘，最後沉入池中，消失得無影無蹤。從此，沒人再見過那塊神奇的石臼了。

（岩手縣江刺郡。《江刺郡昔話》佐佐木喜善）

22 鼻涕小僧的故事

很久很久以前，肥後國有一個叫做「真弓里」的深山小村莊，那裡住著一位老公公。他每天都會上山砍柴，然後把木柴運到關口小鎮去賣，藉以維持簡單的生活。

某天，老公公運氣不佳，一整天都沒辦法將木柴賣出去。他在小鎮四處奔走，甚至來回過橋好幾次，仍然沒有人願意買他的木柴。到了最後，他筋疲力盡，來到橋的中央坐下休息。

老公公心想，既然乏人問津，那乾脆將這些木柴一把一把丟進橋下的深潭裡，當作供奉龍神的供品吧。就在他做出這個決定，準備開始丟木柴時，深潭裡忽然冒出了一位美麗得無法形容的年輕女子，懷裡還抱著一個非常小的孩子。

女子叫住了老公公，說：「你這個人老實又勤勞，今天還帶木柴來供奉龍神，龍神非常高興，決定將這個孩子交給你照顧。這個孩子叫做『鼻涕小僧』，他能實現你的一切願望。不過，你必須準備涼拌鮮蝦來供奉他，一天三次，千萬不要忘記了。」說完，女子便將孩子交給了老公公，然後消失在水底。

老公公抱著鼻涕小僧，滿心歡喜地回到真弓里。他將鼻涕小僧供奉在神壇旁，細心照料。如果老公公需要什麼東西，比方說米或零用錢，只要向鼻涕小僧說明，他便會像擤鼻涕般發出「哼！」的一聲，然後那樣東西就會出現在老公公面前。

時間一久，老公公開始覺得自己的老屋實在太破舊了，於是請求小僧幫忙建造一棟更大更漂亮的房子。結果，鼻涕小僧只「哼！」了一聲，一座比老公公想像中還要氣派的豪宅瞬間出現了。久而久之，倉庫、家具等一應俱全，不到一個月，老公公便成了村裡首屈一指的大富翁，再也不用上山砍柴，每天唯一的工作就是進城買鮮蝦做成涼拌菜來供奉小僧。

然而，隨著日子一天天過去，連這唯一的工作老公公都覺得麻煩。最後，他乾脆把鼻涕小僧從神壇上抱下來，對他說：「鼻涕小僧，我現在什麼都不需要了，你可以回到龍宮去，代我向龍神大人問好吧。」

聽完老公公的話，鼻涕小僧一句話也沒說，默默走出了房子。站在屋外時，他發出輕輕的吸鼻聲，然後奇妙的事情發生了：豪宅、倉庫，甚至裡面的財物，一件件都消失不見，最後只剩下老公公原本的破房子。

老公公嚇得急忙跑出去想挽留鼻涕小僧，但小僧早已不見蹤影，無論如何都找不到了。

（熊本縣玉名郡。《旅行與傳說》第二卷第七期）

23 蛇子報恩

很久很久以前，富山這個小城住著一對老夫婦，他們膝下無子，過著孤單寂寞的生活。

有一天，老婆婆到倉庫取米，竟然發現一條小蛇。她驚慌失措，趕緊呼叫老公公，要他把蛇殺死。老公公看了看說：「倉庫裡的蛇是不能殺的！」於是兩人拿起掃帚，想把蛇趕出去，但無論怎麼趕，蛇始終不肯離開，反而蜷縮在角落不動。無奈之下，兩人決定拿米餵養他。

起初，老夫婦很怕這條蛇，但隨著蛇慢慢親近他們，他們也開始對這條蛇產生感情，甚至為他取名為「西多」，然後就像對待小狗、小貓一樣，親切地呼喚他「西多！西多！」悉心照顧他。

西多越長越大，食量也越來越驚人，每天要吃一升米。幾年後，西多把全身蜷縮起來的體積就占滿了整個倉庫，導致連存放物品的空間都沒有了。更糟糕的是，他每天的食量已經增加到三升米，老夫婦再怎麼辛苦工作也負擔不起了。

某天，老夫婦商量道：「再這樣下去，我們非餓死不可，不如放西多走吧，除此之外別無他法。」然而當晚，老公公夢見有人告訴他，只要堅持養育西多，將來必能過上舒適的生活。於是他把夢告訴了老太太，兩人忍受著貧困，繼續養育西多。

久而久之，西多變得更為龐大，倉庫已經容納不下，老夫婦也益發貧困，生活過不下去了。

終於有一天，他們對西多說：「我們養你養了這麼多年，對你疼愛有加，但你現在身形太大，倉庫已經裝不下，而我們也年老無力，沒辦法再繼續養你了。所以請你離開這裡，去別的地方生活吧。」

西多似乎聽懂了，緩緩爬出倉庫，消失在遠方。

富山小城中有一條名為神通川的河流，水勢湍急，自古以來難以架設普通的橋梁。因此，人們建造了一種名為「船橋」的橋梁，將船隻一字排開至河的對岸，然後在船上鋪設木板，供人通行。然而有一天，一條巨蛇盤踞在船橋的橋頭，每當有人靠近，便高高揚起蛇頭，似乎隨時要攻擊人，嚇得老百姓不敢過橋。此事轟動全城，領主下令：「如果有人能夠除掉這條蛇，將以重金犒賞。」公告張貼在各處，無人不知。

巨蛇的消息傳到老夫婦耳中，他們心想：「難道是西多？」老婆婆前往船橋查看，果然認出那條巨蛇就是他們養大的西多。她壯著膽子走近，西多竟低下頭，顯得很溫順。她對西多說：「西多啊，你這樣嚇人，會讓我們也受到別人的指責。你還是趕快離開這裡，躲到別的地方去吧。」

回家後，老婆婆告訴老公公，兩人又一同來到橋邊，對西多說：「西多，我們請求你，不要再繼續待在這裡。這樣下去，會給我們帶來麻煩的，求求你快走吧。」

聽完老夫婦的話，西多低頭表示答應，隨即滑入神通川中，朝上游游去。游了五、六町（約五五〇～六六〇公尺），他又掉頭往下游游去，經過老夫婦面前時，從水中探出頭來，像是向他們行禮致意，然後繼續游向大海，最後消失無蹤。

領主得知老夫婦趕走了巨蛇，按照之前的公告，給予他們足以安度餘生的豐厚賞金。即使是蛇，也懂得回報多年的養育之恩。

（山梨縣西八代郡九一色村。《續甲斐音話集》土橋里木）

註：據說，這則故事是從越中的藥販那裡聽來的。

24 水蜘蛛

很久很久以前，夏日的某一天，一名男子在奧州的半田山沼澤釣魚。那天特別奇怪，他釣到很多魚，沒多久魚籃就裝滿了。天氣酷熱，他脫掉鞋子，把腳泡在涼爽的沼澤中。

忽然間，不知打哪裡冒出一隻水蜘蛛，輕巧地在水面上滑行，將一根絲線掛在他的腳拇趾上。不一會兒，那隻水蜘蛛又跑回來，繼續將絲線繫在同一個地方。

男子感到非常奇怪，便將絲線從腳拇趾上輕輕拿下來，繞在身旁一棵大柳樹的樹根上。剛將絲線繫好，他就聽到從沼澤深處傳來洪亮的呼喊聲：「次郎、太郎，全部過來吧！」這突如其來的聲音嚇了他一跳，隨後他便眼睜睜看著魚籃中的魚群突然全部跳出來，瞬間消失無蹤。

就在這時候，沼澤裡傳來陣陣人聲，伴隨著「嘿咻嘿咻，拉起來！」的吆喝聲，而且聲音越來越大，似乎有很多人在用力拉扯那根蜘蛛絲。男子看得目瞪口呆時，柳樹那粗壯的根部竟然「咔嚓」一聲斷裂了。

自那以後，再也沒有人敢到那片沼澤釣魚了。

（福島縣伊達郡）

25 山神的讀心術

很久很久以前，有一位做木桶的工匠。某天早晨，大雪紛飛，他正在屋外忙著手頭的工作，忽然，從山裡走來一個怪物。這怪物只有一隻眼睛及一條腿，模樣十分嚇人，大剌剌地走到木桶匠的面前站定。木桶匠看到後，不禁渾身發抖，心想：「這大概就是傳說中的山神吧。」

讓木桶匠驚訝的是，那怪物竟然開口說道：「嘿，木桶匠，你心裡正想著『這就是山神』，對吧？」此話一出，木桶匠更是嚇得不知所措，接著心想：「糟了，這傢伙竟然能讀出我心裡的想法！」沒想到，怪物接著又說：「嘿，木桶匠，你現在正在想『這傢伙竟然能夠讀心，真是可怕！』，對吧？」

怪物一再讀出木桶匠的心思，無論他在想什麼都會立刻被說中，這讓他感到十分困擾與恐懼。無可奈何之下，他只能瑟瑟發抖地繼續工作。然而，寒冷讓他的手不聽使喚，忽然間，手上的竹箍[3]一滑，竹條的尖端彈了出去，正好啪地一聲抽在怪物的臉上。

那怪物驚得跳了起來，大聲喊道：「人類這東西真是可怕！竟然會做出連我都想不到的事！我還是趕緊離開這裡，免得再遇到什麼危險！」說完，怪物便匆匆逃回山中，消失得無影無蹤。

（德島縣。《鄉土研究》第二卷第六期）

3 為桶子或桶狀容器從外側加固的環狀物，有竹編與金屬製兩種。

26 不吃飯的妻子

很久很久以前，某個村莊裡住著一名木桶匠。有一天傍晚，他出門小便時，自言自語地說：「唉，要是能娶到一個不用吃飯的老婆就好了。」

到了晚上，就有一位從未見過的女子上門，對他說：「您是那位想找一個不用吃飯的妻子的木桶匠吧？我就是不用吃飯的人，而且我很能幹，請讓我成為您的妻子吧。」木桶匠一再拒絕，但她都不肯離開，無奈之下，木桶匠只好答應，讓她留在家裡當妻子。

這位妻子果然十分能幹，而且從不見她吃飯。可奇怪的是，家中的米卻莫名其妙地快速減少了。木桶匠心生疑惑，決定一探究竟。

某天，他假裝外出工作，然後偷偷爬到天花板上，觀察起妻子。

只見妻子先在灶上架起一口大鍋子，從米袋裡倒出大量白米，迅速洗好後開始煮飯。接著，她從儲藏室裡拿出大量的味噌，煮成滿滿一大鍋味噌湯，然後用勺子將湯舀進桶裡。她還取下一塊木門板，鋪在廚房地上，將煮好的米飯捏成一個個大飯糰，整齊地排在門板上。

接下來，她解開頭髮，露出頭頂中央一張巨大的嘴巴，將飯糰一個一個塞進去，然後用勺子舀著味噌湯送入口中。沒多久，味噌湯與飯糰全都吃個精光後，她又重新梳好頭髮，恢復成一個普通女人的模樣，彷彿什麼事都沒發生。

這女人原來是個山母，即山中妖怪。木桶匠暗自驚呼：「我竟然娶了這樣一個怪物！這可不得了，得想辦法盡快趕她走！」於是，他裝作若無其事到了傍晚才回家，草鞋上還特意沾滿了泥土。他對妻子說：「雖然你不用吃飯，但你還是不適合當我家的妻子。不管你想要什麼，只要你肯離開，我都會答應。」

山母聽後說：「好吧，我走，但請幫我做一個大桶子當禮物。」木桶匠心想：「只要一個桶子，這太簡單了。」於是立刻動手做了一個大桶子。誰知山母趁他不注意，突然將他推進桶中，然後把桶子扛到頭上，往山裡走去。

木桶匠被困在桶裡，想逃也逃不出去。走著走著，來到一處山路旁，桶子碰到一棵大樹的樹枝。山母停下來稍作休息時，木桶匠伸手抓住樹枝，努力掙脫，終於從桶子裡逃了出來。可是山母並未發現，繼續扛著空桶子往山裡走去。

木桶匠趁機拚命往回跑，沒跑多遠，山母發現桶子裡沒有人，轉身追了過來。眼看就要被追上，木桶匠四處張望，發現前面有條山谷，小河旁長滿了菖蒲與艾草。他急忙藏進菖蒲與艾草之間。

山母追到谷邊，一頭撞進菖蒲叢，結果菖蒲的葉片刺中了她的右眼，艾草的莖刺破了她的左眼，瞬間雙目失明。山母痛苦地跌進河流中，結果被河水沖走，不見了蹤影。

那天正是五月五日端午節。從此以後，當地人每逢這一天，必定將菖蒲與艾草掛在屋頂，或是泡在熱水裡來洗澡，藉以祈求平安，免遭如同木桶匠那樣的厄運。

（岩手縣膽澤郡。《膽澤郡昔話集》織田秀雄）

27 牛倌與山姥

很久很久以前，有一位牛倌[4]趕著牛，牛背上馱滿了鹽漬鯖魚，準備翻過一座高大的山嶺，前往山裡的村莊兜售。不巧，他在山路上遇到了山姥[5]。

山姥開口說：「牛倌，給我一條鯖魚吧。」牛倌無奈，只好從貨物中抽出一條鯖魚丟給她，然後匆忙趕路。

只是，牛走得很慢，山姥很快就把鯖魚吃光，再次追上來討魚吃。就這樣，牛倌一路丟鯖魚，山姥一路追。最後，牛背上所有的鹽漬鯖魚全被山姥吃光了。

吃光鯖魚後，山姥又說：「你把牛給我吃！不然我就吃掉你！」牛倌嚇得不知如何是好，只能留下牛，急忙逃跑。可是，山姥沒多久又把牛也啃得乾乾淨淨，於是追上來喊道：「這次輪到你了！」

牛倌拚命逃跑，逃到了大池塘的堤岸邊。堤上有棵大樹，他急忙爬到樹上藏起來，但不巧樹下沒有葉子，他的身影清楚地映在池塘的

4 以牛運送人或貨物為業的人。

5 傳說居住於山中的妖怪，通常呈現女性形象。據說遇見山姥的人會惹來災厄，但有時也被描述為賜予福氣的存在。亦稱「山女」、「山母」。

水面上。

氣喘吁吁趕來的山姥誤以為池塘裡的影子就是牛倌，於是跳進水裡四處搜尋。牛倌趁這個機會悄悄從樹上爬下來，拔腿狂奔。一路跑到山下，看見一戶人家，便衝進去避難。然而，讓他驚恐的是，那裡竟然是山姥的住處！

牛倌連忙爬到天花板上，藏身在梁柱之間。不久，山姥拖著疲憊的身體回到家，自言自語地說：「今天追那個牛倌追了老半天，可真是累壞了！」她升起爐火，拿出一些麻糬開始烤。麻糬漸漸烤熟了，山姥一邊等著一邊打起瞌睡。

藏在梁柱上的牛倌悄悄抽出屋頂上的茅草，用它刺起一塊塊麻糬來吃。山姥醒來後發現麻糬不見了，大聲喊：「誰偷吃了麻糬？」牛倌小聲地回答：「火神，火神。」山姥看到掉在火裡的麻糬燒得焦黑，便說：「既然是火神，那就沒辦法了。」

接著，山姥又開始架起鍋子煮甘酒。等甘酒煮熱，她又打起瞌睡。牛倌再次用茅草吸走了鍋子裡的甘酒。山姥醒來後大喊：「誰偷喝了甘酒？」牛倌又小聲地回答：「火神，火神。」山姥嘟囔著：「今晚還是早點睡吧。」

山姥準備睡覺時說：「是睡石頭唐櫃[6]好呢，還是木頭唐櫃？石頭的太冷了，還是木頭的好了。」說完，她打開大木櫃，鑽進去呼呼大睡。

牛倌看準機會，悄悄從梁柱上溜下來，把爐火燒得旺旺的，煮了一大鍋熱水，並拿起一把錐子在木櫃上鑽洞。山姥聽到聲音，自言自語地說：「明天大概是個好天氣，聽見小蟲子在叫呢。」正得意時，滾燙的熱水從洞口倒進了櫃子裡。山姥慘叫連連，終於被牛倌打敗了。

（新潟縣南蒲原郡。《越後三条南鄉談》外山曆郎）

6 四方形的大型箱子，帶有蓋子，通常有四或六根腳，用於存放衣物與器具。

28 人影花

很久很久以前，有一對夫妻膝下無子，兩人相依為命地過著貧困的生活。丈夫心想，這樣下去實在不是辦法，於是決定出門賺錢。

路上，丈夫遇到一個陌生男子，隨口把自己的情況告訴了對方。沒想到，那個男子其實是個盜賊，他聽完丈夫的話後，立刻來到夫妻的家。

盜賊對獨自在家的妻子撒謊說：「你的丈夫託我來的，他說自己養不起你，要我帶你走。」妻子信以為真，便跟著盜賊離開了，然後被帶到深山中的盜賊老巢。

丈夫回家後發現妻子不見了，四處尋找卻毫無頭緒。就這樣，日復一日過了三年。

有一天，丈夫像往常一樣四處尋妻，來到一條大河邊，遇到一位白髮老人。老人問他：「你來這裡做什麼？」丈夫回答：「我已經找了三年，仍然找不到我的妻子。」老人說：「你是找不到她的。」

丈夫懇求道：「老公公，如果您知道我妻子的下落，請趕快告訴我。」老人於是說：「你的妻子被盜賊帶走了，住在某座山中的大宅院裡。到了那座山，你會看到宅院的大門旁立著一根鐵棒。用那根鐵棒敲地面三次，咚咚咚，你的妻子就會出來了。」

丈夫聽了很高興，馬上前往老人所說的山裡，果然找到了一座大宅院，門邊立著鐵棒。他按照指示用鐵棒敲地面三次，咚咚咚，妻子便走了出來。

妻子看到丈夫，驚喜萬分，簡直不敢相信這是真的。隨後帶丈夫進入屋內，熱情款待他，並分別倒了一杯前年、去年與今年的酒給他品嘗。接著，妻子取出盜賊珍愛的刀，交給丈夫防身，並安排他藏進一個空甕裡，叮囑他暫時忍耐，待時機成熟再行動。

到了晚上，盜賊回家了。他家裡種有一種神奇的花，名叫「人影花」。這種花能夠感應到來者的性別與數量：男人來，開男花；女人來，開女花。盜賊進門後，發現男花多了一朵，便懷疑家中有外人而開始搜查。

妻子心生一計，連忙解釋：「那是因為我肚子裡有了男孩！」盜賊聽後非常高興，決定舉辦慶祝宴會。他喝下妻子準備的烈酒，醉得不省人事。

待盜賊醉倒後，妻子將他拖進熱水澡盆裡，再放出丈夫。丈夫手持利刃，趁盜賊無法反抗時，將他斬殺。

夫妻倆將珍貴的「人影花」帶回故鄉，並且獻給國王。國王對這種奇花大為讚賞，問夫妻有什麼願望，可以滿足他們的任何要求。夫妻說：「請您派出一千個人牽著一千匹馬，借我們使用一天。」國王欣然答應。

於是，夫妻帶著大隊人馬回到盜賊老巢，將所有寶物搬回，從此過著富裕幸福的生活。

（鹿兒島縣大島郡喜界島。《喜界島昔話集》岩倉市郎）

29 天道大神，請賜金鍊！

很久很久以前，在一個村莊裡，有一位母親與她的三個孩子住在一起。

某天，母親外出到寺院參拜，讓三個孩子在家看門。不久，一個山姥假扮成母親回到家裡來。其實一摸山姥的手就知道了，但為了騙過孩子，山姥故意在手上綁著芋莖，結果孩子以為真的是母親，便開門讓她進來。

山姥抱起最小的孩子，走進內屋躺下後，便開始一口一口把那孩子吃掉。睡在隔壁房間的兩個孩子聽見咀嚼聲，便問山姥母親在吃什麼。山姥從內屋丟出一根小手指給他們。兩個孩子一看，立刻明白這是山姥，決定趕快逃跑。

第二個孩子先說要上廁所，山姥便吩咐哥哥開門讓他出去。藉這個機會，兩個孩子一同溜出家門，跑到井邊的一棵桃樹下。他們用柴刀在樹幹上砍出缺口，然後爬到樹上躲起來。

山姥追出來四處尋找，最後低頭看見井裡的倒影，發現孩子們藏在樹上。她問：「你們怎麼爬上去的？」哥哥撒謊說：「我們用髮油塗在樹上爬上來的。」山姥回去拿來髮油，塗在樹幹上，但因為太滑，怎麼樣也爬不上去。

第二個孩子見狀，嘲笑道：「髮油怎麼可能讓人爬上樹？我們是用柴刀在樹上砍出缺口爬上來的。」山姥聽後，便拿來柴刀，在樹幹上砍出缺口，開始攀爬。

眼看山姥越來越接近，兩個孩子慌了。他們望向天空，大聲呼喊：「天道大神，請賜金鍊！」突然，天空傳來轟隆聲，一條鐵鍊從天而降。他們抓住鐵鍊，順勢爬上天。

山姥見狀，也模仿著大聲呼喊：「天道大神，請賜金鍊！」但這次從天而降的卻是一條腐爛的繩子。山姥抓住腐爛的繩子爬到一半，繩子斷裂，害她從高空墜落，摔進蕎麥田裡，一頭撞在石頭上當場死亡。

傳說，蕎麥的莖從此被山姥的血染紅，至今仍呈現鮮紅色。

（熊本縣天草郡。《日本傳說集》高木敏雄）

30 山梨的果實

很久很久以前，有一位母親辛勤地撫養著三個女兒。某年冬天，大雪紛飛，母親不幸染上重病，眼看命在旦夕。奄奄一息之際，她把三個女兒叫到床邊，虛弱地請求道：「我好想吃山梨的果實……你們誰能幫我摘一些回來呢？」

聽了這話，大女兒毅然回答：「媽媽，我去幫你摘！」母親滿心歡喜，叮囑她：「沿著這條路走，途中會遇見一位美麗的新娘。記住，一定要按照她的話去做。」大女兒答應母親，然後離開了家門。

走著走著，大女兒果然遇見了一位美麗的新娘，微笑著唱道：「向前走吧，走走走！」於是，大女兒依照指示前進。不久，新娘又唱道：「回頭來吧，來來來！」大女兒雖然感到疑惑，但仍信守母親的叮囑，照著新娘的指示去做。

然而，新娘反覆唱著同樣的旋律，讓大女兒來回穿梭。漸漸地，大女兒失去了耐心，心想：「母親還在家裡等著，我不能再浪費時間了！」於是，她無視新娘的指示，逕自前行。但是，當她來到一個十字路口，新娘突然出現，一口將她吞了下去。

母親與兩個妹妹在家裡望眼欲穿，遲遲等不到大女兒歸來。母親悲傷地嘆道：「她一定是被那個新娘吃掉了。」二女兒見狀，立刻挺身而出：「那我去找大姊！」她沿著同樣的路走去，遇見了那位新娘，耳邊響起了同樣的歌聲：「向前走吧，走走走！」、「回頭來吧，來來來！」起初，她也是順從指示，但不久便失去了耐心，擅自繼續前行。結果，她的命運與大姊一樣，也被新娘吞下肚了。

眼見二姊也沒回家，小女兒對母親說：「這次換我去摘山梨的果實，請你再等一等。」她迅速整裝出發，再次遇見了那位新娘。與兩個姊姊不同，小女兒耐心聽從新娘的指引，一次又一次地前進又折返。時間久了，新娘變得只唱：「向前走吧，走走走！」就沒再叫她回來。順著新娘的歌聲，小女兒一步步前進，眼前出現一片稻田，清澈的水流指引著她的方向。她隨著水流前進，穿過原野，翻越山坡，終於在茅草間發現了一棵結滿山梨果實的樹。

小女兒欣喜若狂，趕忙採摘果實，裝滿所有的容器後，匆匆踏上歸途。回到家中時，母親已虛弱得只剩下微微的呼吸。

小女兒輕聲說：「母親，我把山梨的果實摘回來了，你趕快嘗嘗吧。」母親吃下果實後，奇蹟般地恢復了健康，從此母女二人過著幸福美滿的日子。

（岩手縣一之關市。菅原多喜子採集）

31 三張符咒

很久很久以前，有一個小和尚，師父派他上山去撿杉樹葉。他正忙著撿葉子時，一位婦人走過來，問道：「小和尚，你在做什麼呢？」小和尚回答：「我在撿杉葉。」婦人聽了便幫忙一起撿，直到傍晚臨別時，婦人對他說：「我是你的阿姨，下次來我家，我請你吃好料。」

回到寺裡，小和尚把這件事告訴師父。師父聽了以後搖頭說：「不行不行，你沒有阿姨，那是山姥，千萬不要去！」

但是，小和尚堅持要去阿姨家。師父無奈，從懷裡取出三張符咒交給他：「若是遇到危險，就靠這些符咒保命吧。」

隔天，小和尚找到那婦人的家。婦人請他進入屋裡，說：「飯菜還沒好，你先躺下休息吧。」小和尚上了床，卻隱約聽見「匡匡」的聲音。他悄悄掀開被子一看，驚見婦人已經變回山姥，正磨著鋒利的菜刀，而火爐上還煮著一口大鍋！

小和尚心想：「師父果然說得對，我怎麼這麼不聽話呢！」然後急中生智，對山姥說：「阿姨，我想上廁所。」山姥嘟囔了幾句，在他腰間綁上腰繩，放他出去。

小和尚到了廁所，解開腰繩，把它綁在柱子上，又把師父給的符咒貼在柱子上，悄悄說：「請代我回答山姥的問題。」

山姥在外頭喊：「小和尚，還沒好嗎？」符咒回應：「還沒呢！」如此幾次，山姥越等越生氣，最後一拉繩子，柱子差點裂開！她這才發現小和尚已經逃跑了，於是氣沖沖地追出去。

小和尚跑得氣喘吁吁，眼看山姥越追越近，便取出另一張符咒，扔在地上，喊道：「化作大河吧！」

果然，身後出現了一條滾滾大河。山姥忙著渡河時，小和尚趁機繼續逃命。

不久後，山姥再次追上來。小和尚再掏出一張符咒，喊道：「化作大山吧！」

這次，身後現出了一座高山。山姥爬山耗掉不少時間，小和尚總算跑回了寺院。

小和尚拚命敲門大喊：「師父！師父！快開門啊！」老和尚慢悠悠地回應：「等等，等等，先讓我戴上頭巾。」說著，「咕咚」一聲，才慢吞吞地站起來。

小和尚在門外急得直跺腳：「快點啊！快點啊！」老和尚又說：「等等，等等等，先讓我穿好木屐。」這才「咚咚」地下了台階。

小和尚的腳跺得更厲害了，催促道：「快點！快點！」老和尚依舊不慌不忙：「等等，等等，讓我拄好拐杖。」接著才「咯吱」一聲，打開了門。

小和尚衝進屋裡，喊道：「快幫忙我躲起來！」老和尚便讓他躲進經書箱裡。

山姥追到寺院，四處翻找，最後發現了經書箱，卻不敢打開，因為她知道：「碰了這箱子，手腳都會腐爛。」只好氣得直跺腳。

老和尚靈機一動，對山姥說：「不如我們來比試變身吧。我變成豆腐，你變成味噌如何？」

山姥答應了，立刻化作味噌，老和尚便趁機一口吞下。但沒想到，山姥在他肚子裡又吼又鬧，痛得他滿地打滾。

老和尚趕緊叫小和尚拿節分的豆子過來。老和尚吞下豆子後，終於把山姥連同一聲響屁放了出去。山姥嚇壞了，大喊：「人類的肚子好可怕！」一溜煙逃回山裡去了。

（秋田縣鹿角郡宮川村（現今的鹿角市）。《昔話研究》第一卷第二期）

32 古箕、舊布、老鼓

很久很久以前，某個村莊有一座荒廢的寺院，沒有人居住，也沒有和尚願意成為那裡的住持。傳聞這座寺院鬧鬼，過去凡是留宿的人，沒有一個能夠平安離開。

有一天，一位旅人來到村裡沒有地方住，決定在這座寺裡過夜。村人勸他：「這裡鬧鬼，住過的人都會遭殃，你還是別冒險吧。」但這位旅人是一個膽識過人的年輕人，笑著回答：「我沒有地方住。沒關係啦，我來看看究竟是什麼妖怪作祟吧！」

夜幕降臨，他在寺中稍作安頓。到了深夜，忽然傳來巨大的響聲，震得整座寺院都似乎搖晃了起來。旅人暗想：「來了，這就是傳說中的妖怪嗎？」便屏息靜觀其變。

不久，寺中響起更恐怖的聲音，隨後一面老舊的大鼓骨碌碌地滾了出來。他覺得這東西很有趣便一直注視著。接著，伴隨著刺耳的巨響，一塊舊布飄了進來。過沒多久，又是一陣轟鳴聲，一只古箕[7]現身。

旅人心中納悶：「怎麼盡是這些老舊的東西啊？」
正覺得奇怪，又是一聲巨響，從櫥櫃中滾出了一個缺角的大盤子。
這時，有個聲音喊道：「好，大家都到齊了！那我們就開始吧！」
隨即，有人引吭高歌：

啊，古箕啊，舊布啊，老鼓啊，
櫥櫃裡缺了一角的盤子啊，
我們天不怕地不怕！
嘿呀，嘿呀！

隨著歌聲響起，鼓、布、箕、盤子竟然開始搖頭晃腦地跳起舞來。
旅人見狀，不僅沒有害怕，反而暗笑：「原來是這些古董聚會鬧的鬼啊！」
這些古物不斷重複著同樣的歌詞，一邊唱一邊跳，熱鬧滾滾。直到黎明破曉，太陽漸漸升起，老鼓滾回了內室，盤子回到了櫥櫃，舊

7 一種農具，將穀物放在箕上面，然後搖晃來篩掉其中的塵土，或分離米糠等。

布與古箕也各自消失得無影無蹤，寺內又恢復了平靜。

清晨，村民擔心旅人的安危，趕來查看，發現他毫髮無傷。旅人哈哈一笑，說道：「什麼都沒發生，只不過是些破舊的老東西聚在一起唱歌跳舞罷了。」隨後揚長而去。

據說，家裡若是存放太多老舊的東西，就容易發生這類奇事。

（新潟縣佐渡郡畑野村。丸山久子採集）

33 突然剃度出家當和尚

很久很久以前，有個村莊鬧狐狸災，壞狐狸常常惡作劇，弄得村民叫苦連天。但村子裡有一個自認絕不會被狐狸愚弄的大男人，總是高傲地宣稱：「我才不會被狐狸耍呢！」

有一天，男人從外地回家，經過路邊的小河灘時，看到一隻狐狸正把朴樹的葉子放在頭上，變成了一個女人的模樣；而且用河中的水藻揉成一團，捏成嬰兒的形狀，抱在懷中。

男人心想：「這該死的畜生，居然想用這種伎倆騙人！看我怎麼收拾你！」他拾起路邊一塊石頭，用力砸了過去。

石頭正好擊中那個「嬰兒」，只聽見一聲悶響，「嬰兒」應聲倒地，當場死去。那「母親」見狀，痛哭失聲，怒氣沖沖地說：「把我的孩子還給我！」男人回道：「你明明是隻狐狸，少在那裡裝模作樣！」但那個「母親」非但不承認，反而更加憤怒。奇怪的是，無論怎麼看，他們的模樣都完全像是一對真正的人類母親與孩子，絲毫不像狐狸變的。

男人開始動搖：「難道我真的看錯了？這下可闖了大禍！」他急忙向那「母親」道歉，千言萬語說盡，但對方怎麼也不肯原諒。

男人無奈之下，只好提出：「那我出家為僧，以此贖罪。」於是，他陪著那「母親」來到附近一座寺院，把事情的經過告訴了和尚，並請求剃度。和尚點頭答應，開始為他剃頭。

然而，剃頭的過程疼痛無比，像是用刀刃割肉一般。男人忍著劇痛，終於剃完了。可當他抬起頭，清醒過來四處一看，發現剛剛的「母親」與「嬰兒」早已不見蹤影，和尚與寺院也全都消失無蹤。驚慌之下，他摸了摸自己的頭，才發現頭髮竟然被狐狸全數咬光了。

（埼玉縣秩父郡。《秩父槻川村誌》）

34 小和尚與狐狸

很久很久以前，有座山間寺院裡住著一個名叫「瑞天」的小和尚。只要老和尚出門，寺院只剩下瑞天獨自留守，狐狸就會跑到寺門口捉弄他，用尖銳的聲音喊著：「瑞天！瑞天！」實在很討人厭。

有一次，狐狸又來了，瑞天心生疑惑，決定偷偷從本堂的窗戶往外看。他看到狐狸站在寺院門口，背對寺門，擺動粗大的尾巴摩擦著門板，發出「瑞！」的聲音。接著，狐狸將頭撞向門板，又發出「天！」的聲音。

小和尚很聰明，立刻跑回來，悄悄站在門口旁邊等著。當狐狸再次用尾巴發出「瑞！」的聲音，他迅速拉開門板，正準備用頭撞門的狐狸猝不及防，滾進了廚房的院子。

瑞天連忙關上門，拿起棍子追趕狐狸。但狐狸的身影很快便消失無蹤。當他回到本堂查看，發現供奉的釋迦牟尼佛像竟然變成了兩尊！兩尊佛像一模一樣，讓人無法辨別哪個是狐狸變的假貨。

小和尚心想：「哎呀，這點小把戲哪能瞞得了我！」於是說：「誦經的時候，我們家的本尊會伸出舌頭，所以我絕不會搞錯！」說完，小和尚開始「咚咚咚」敲起木魚，高聲念誦經文。沒想到，冒牌的狐狸釋迦如來竟然急急忙忙伸出一條長長的舌頭。

看到狐狸露餡，瑞天笑道：「我要去庫房準備我們家本尊的供品，就先別管那個假佛像了！」說完便快步走回廚房。不料，那尊假的佛像竟然大搖大擺地跟了過來。

瑞天對假佛像說：「既然這樣，先讓你洗個澡吧。」他抱起假佛像，放進廚房地上的大鐵鍋裡，蓋好鍋蓋，點燃柴火開始煮起來。最後，他將狐狸煮成了一鍋「狐狸燉湯」，等著老和尚回來一起享用。

（山形縣最上郡豐里村〔現今的鮭川村〕。《羽前豐里村誌》）

35 獨眼老公公

很久很久以前，在奧州某個鄉村裡住著一對老公公與老婆婆。老婆婆雙目健全，但老公公只有一隻眼睛。

某天深夜，老婆婆聽見有人喊著：「婆啊，婆啊，我回來了！」原本老公公是瞎了左眼，但這次回來時變成瞎了右眼。老婆婆一看，心想：「啊哈，這一定是狐狸變的！」

狐狸裝作老公公的樣子，醉醺醺地說：「婆啊，我又喝多了。每次喝醉回來，我都喜歡躺進那個麻袋裡，不是嗎？」老婆婆隨口回應道：「是啊，那就快躺進去吧。」狐狸聽了便自個兒爬進麻袋，還催促老婆婆：「快，像平時那樣，用繩子把麻袋綁起來吧！」老婆婆聽了，心裡暗笑，手上卻假裝忙碌地將麻袋綁得結結實實。

「然後，還要把我放到火棚上面，用煙燻一燻才舒服呢！」狐狸繼續模仿老公公的口氣說道。老婆婆忍住笑意，答道：「那就如你所願吧！」於是，她將麻袋丟到灶台上面的火棚上，然後不斷添加柴火，將火燒得旺旺的，燻得裡面的狐狸受不了。老婆婆還故意烤起魚來，讓香氣飄散，自己坐下來慢悠悠地享用晚餐。

正當老婆婆悠然自得時，真正瞎了左眼的老公公才醉醺醺地回到家。至於火棚上那個瞎了右眼的老公公，最後變成了一鍋美味的狐狸湯。

（岩手縣上閉伊郡土淵村〔現今的遠野市〕。《老媼夜譚》佐佐木喜善）

36 李賀與蟒蛇

很久很久以前，某個地方有位名叫李貿[8]的演員。他長年在外巡迴演出，留下年邁的母親一個人在家鄉。

有一天，李貿接到消息，說是母親病倒了。孝順的他心急如焚，立即動身返鄉。

前方是一處陡峭的山坡，李貿抵達山腳時，天色已漸漸暗了下來。山腳的茶館裡有位老婆婆勸他：「這座山一到天黑，就會有一條巨大的蟒蛇[9]出沒，現在上山太危險了，今晚還是留宿在這裡吧。」

然而，李貿一心想要早點回家，婉拒了老婆婆的好意，毅然踏上山路。

當他走到山頂稍作休息，忽然出現一位白髮蒼蒼的老翁。

老翁問：「你是誰？」李貿回答：「我是李貿。」

老翁卻誤聽成「狸貓」，便說：「既然是狸貓，那你一定很會變身的把戲，來，在我面前變個樣子來瞧瞧吧。其實，我也不是人類，我是

8 譯註：原文人名為「狸貓」之諧音，此處譯文亦採取「狸貓」之諧音。

9 大型蛇類的俗稱。

住在這山裡的蟒蛇。」
李貿聽到這話，嚇得心驚膽戰，卻強裝鎮定。他正好隨身帶了一些演戲用的面具，便從中挑了一個女人面具戴上，開始表演。蟒蛇看了讚嘆道：「比我想像中的還要厲害呢！」於是，他們聊了起來。
聊著聊著，蟒蛇問：「你最討厭什麼？」
李貿靈機一動，答道：「我最討厭的東西是金幣。那麼你呢？」
巨蟒回答：「我最怕菸草的焦油與柿子的澀味。如果它們沾到我身上，我就會麻痺到動彈不得。可是，狸貓啊，這件事我只告訴你，你可千萬別讓人類知道啊！」說完，蟒蛇轉瞬消失不見。
李貿鬆了一口氣，同時意識到自己得到了一個寶貴的線索。他迅速下山，正好天亮，遇見前來砍柴的村裡老公公，便將昨晚遇見蟒蛇的經歷告訴老公公。
老公公聽罷，立刻召集村人，準備了大量菸草的焦油與柿子的澀汁。蟒蛇得知村人準備對付自己，便連夜逃之夭夭。只是，蟒蛇氣炸了，認定是李貿洩露了祕密，決心報仇。
後來，蟒蛇找到了李貿的家，大聲怒吼：「這是那天的報復！給我記住！」沒想到蟒蛇的報復手段，竟是從屋頂扔下滿滿一大堆的金幣。

（高知縣高岡郡東津野村。《土佐昔話集》桂井和雄）

37 變身大比拚

很久很久以前，村落間流傳著許多狐狸與狸貓變身成各種模樣來欺騙人類的故事。而這些擅長變身的狐狸與狸貓中，有些竟像人類一樣擁有名字。據說，在某個村莊裡，住著一隻名叫「小花」的狐狸與一隻名叫「權兵衛」的狸貓。

有一天，權兵衛狸對小花狐說：「小花啊，聽說你的變身術非常高明。不如我們來比試一場，看看誰的本領比較高吧！」小花狐向來以變身術自豪，聽了這話，不禁暗自高興，立刻答應挑戰。兩人約定：「既然說好了，那就趕快行動吧。明天晚上在明神社見！」說罷，便各自離開。

兩人各懷心思，為了能讓對方大吃一驚都絞盡腦汁地準備著。小花狐心想：「不管權兵衛狸再怎麼厲害，也絕對贏不了我！」於是，她化作一位美麗的新娘，自信滿滿地朝明神社走去。

當她準備穿過明神社的鳥居，突然看到地上有一顆剛蒸好的包子，熱氣騰騰地冒著香氣，讓她一時忘記自己正以新娘的姿態出場，忍不住伸手撿起，正要送入口中時，包子卻開口說話了：「小花，我贏了！我贏了！」

原來，權兵衛狸變身成包子，巧妙利用小花狐貪吃的弱點，成功地捉弄了她。

即使是聰明的狐狸，也有被狸貓擊敗的時候吶！

（福島縣平市。《磐城昔話集》岩崎敏夫）

38 貓與獵人

很久很久以前，有一位獵人家裡養了一隻貓，這隻貓被當作寶貝一樣呵護，活了二十多年。

能活這麼久本身已經夠稀罕了，更特別的是這隻貓漸漸長得像狗一樣大，性情相當頑皮，經常惹是生非。他會自己打開櫥櫃偷魚，還會追趕家裡的狗，最後連小孩子都不放過，經常撲向他們。獵人的妻子對這隻貓的惡作劇早已忍無可忍了。

有一天，貓又在偷魚，被獵人的妻子逮個正著，氣得狠狠打了他一頓，嚴加訓斥。貓痛得哀叫不止，內心暗自記下這筆帳，發誓找機會報仇。

某一天，獵人如往常一樣準備上山打獵。他在家中的爐灶上架起鐵鍋，把鉛熔化後倒入模具中，製作了一批子彈。貓蹲在爐邊，目不轉睛地盯著獵人的手。每當完成一顆子彈，貓便頷首點頭，好似在默默計算數量。最後總共製作了十三顆子彈。

獵人並未注意到貓的異常行為，帶著做好的子彈與獵槍上山。

獵人一步步走進深山，發現有塊岩石上蹲著一隻從未見過的奇異野獸。他立刻瞄準開了一槍，子彈明明命中目標，野獸卻只是不急不徐地站起來，然後彷彿沒事般地坐回原處。獵人覺得奇怪，又開了一槍，結果還是一樣。

獵人不甘心，連續開槍，直到早上做好的十三顆子彈全都用盡，但野獸依舊毫無損傷，安然自若地坐在岩石上。

獵人心生恐懼：「這隻野獸難道是妖怪？他是不是在等我子彈用光，然後把我吃掉！」他開始焦急地思考對策。突然，他想到自己隨身攜帶的一顆護身鐵彈，這是他平日不離身的重要護身利器。眼下別無他法，他拿出鐵彈，屏息瞄準，再次扣下扳機。

這次，奇蹟發生了——野獸應聲倒地，氣絕身亡。

獵人小心翼翼地靠近岩石查看，結果大吃一驚。死去的竟是家中那隻年老的大貓！他旁邊還有一個熟悉的東西，就是家裡茶釜的蓋子。

獵人恍然大悟，原來這隻貓竟偷走了茶釜的蓋子，用雙爪舉起來擋住射來的子彈，自己則躲在蓋子後面，趁機探頭裝作毫髮無傷的模樣。貓數著獵人製作的子彈數量，以為只有十三顆，便安心地防守，沒想到竟然出現第十四顆子彈。這顆護身鐵彈直接擊中了他的致命之處。

要不是獵人隨身帶著護身鐵彈，後果恐怕不知會如何吶！

（山梨縣西八代郡九一色村。《甲斐昔話集》土橋里木）

39 港口的木樁

很久很久以前，在三河的平阪港，有一隻頑劣的狸貓，經常捉弄船夫，讓他們吃盡苦頭。

狸貓最惡劣的惡作劇，就是變身成一根繫繩子的木樁，誘騙船夫將小船繫在他身上。船夫上岸玩樂時，狸貓便偷偷把小船弄走，消失得無影無蹤。

平阪港本來沒有任何固定的木樁，但外地來的船夫不知情，看到狸貓變成的木樁，還以為是剛好有木樁可以繫船，於是毫無戒心地將船繫上，結果船隻就被狸貓放走，惹來許多麻煩。

因為狸貓的惡作劇，來平阪港遊玩的船夫越來越少。當地的年輕人十分不滿，決定要澈底收拾這隻壞狸貓。

有一天晚上，皎潔的月光照亮了水面，幾個充滿幹勁的年輕人特別選了這個時候，將繩索與木棒藏在小船裡，然後划向港口。他們邊觀察四周邊大聲說：「要是能找到個好地方上岸就好了，可惜附近連一根木樁都沒有啊！」
　果然，不一會，岸邊的土堤附近，突然冒出一根又粗又大的木樁來。年輕人互相交換眼色，假裝什麼都沒注意到，慢慢划船靠近。這時，水中傳來輕微的聲音：「咯吱、咯吱。」原來狸貓本性愚笨，見大家毫無反應，急得忍不住出聲提醒年輕人，自己變身成的木樁就在這裡。
「啊，這裡居然有這麼大一根木樁，我們剛剛竟然都沒發現！」其中一人故作驚喜地喊道，大家隨即哄堂大笑。他們從船上拿出特地準備的長繩，把小船牢牢繫在木樁上。這根繩子比平常用的長了好幾倍，牢固得很。他們又從船裡拿出木棒，朝木樁狠狠敲打下去。
　隨著一棒子一棒子落下，木樁竟然哀嚎起來，狸貓的真身也現形了。這隻壞狸貓無處可逃，終於被澈底打敗，從此再也無法捉弄船夫了，真是大快人心。

（愛知縣幡豆郡）

40 味噌買橋

很久很久以前，位於乘鞍岳西麓的澤上村，有一位名叫長吉的燒炭工人，為人誠實，而且篤信神明。

某天晚上，長吉做了一個奇怪的夢：夢中，一位白髮老人出現在他的枕邊，告訴他，若前往高山的味噌買橋，將會遇到好事。

長吉醒來後，立刻背起木炭，一邊做生意一邊前往高山。到了味噌買橋，他整天站在橋邊等待，卻什麼好事也沒發生。但他十分堅信夢境，於是又在橋邊站了第二天、第三天，直到第五天。

味噌買橋附近有一家豆腐店，店主覺得長吉的行為很奇怪，於是前來詢問：「你每天站在這裡發呆，到底怎麼回事啊？」長吉便將夢中白髮老人告訴他的事情一五一十地說出來。豆腐店主聽後大笑，說道：「為了一個無聊的夢，在這裡傻乎乎地站了好幾天，你這人真夠怪了！我也做過類似的夢。夢裡有人告訴我，在乘鞍岳麓的澤上村，有個叫長吉的男人，他家旁邊的杉樹根下埋著寶藏。但這種夢怎麼能當真呢？

我既不知道是否真有這個村子，也沒興趣去找。你還是回家好好燒炭吧！」

長吉聽後大吃一驚，心想：「這一定是夢裡老人提到的好事！」他向豆腐店主表達感謝後，連忙趕回村子。回到家，他立刻挖掘杉樹根，果然挖出大量的金銀財寶，一下成了富翁。

從那以後，村裡的人都稱長吉為「福德長者」。

（岐阜縣大野郡高山町〔現今的高山寺〕。《續飛驒採訪日記》澤田四郎作）

註：關於飛驒高山的味噌買橋，這個故事在國內外均有許多相類似的版本，而且都與橋有關。需要補充的是，味噌買橋的名稱來源與當地歷史有著密切的關係。

根據《續飛驒採訪日記》作者澤田四郎作的調查，大約二百多年前，當地一座橋都沒有，人們都是以竹筏渡河。後來，一位有志之士用杉木搭建了一座簡易的獨木橋。當時，橋邊有一家味噌店，店主六兵衛製作的味噌品質優良、價格低廉，連河對岸的人都紛紛渡橋來買，因此這座橋逐漸被稱為「味噌買橋」。

然而，獨木橋的高度太低，河水稍微漲上來便被沖毀。後來，當地人將橋墩加高，改建為木板橋，但從明治到大正初年，都是一直使用「味噌買橋」這個名稱。直到大正六年（一九一七）修橋時才改名為「筏橋」，並在欄杆柱上刻上新名稱，但仍有不少人習慣叫它「味噌買橋」。如今，只有五、六十歲以上的人還記得「筏橋」的前身名為「味噌買橋」。

41 夢中的祕密

很久很久以前，有個無所事事的年輕人做了一個美夢。美夢十分奇妙，以至於無論誰想聽，他都不願說出口。

村裡的人認為或許他會對村長開口，便帶他去見村長，但他依然保持沉默。有人建議帶他到供奉大黑天的神龕前，或許他就會說出來，但結果仍然一樣。大黑天被激怒了，命令手下將年輕人趕出去。被追趕的年輕人一路狂奔，直到闖進一間透天厝。

這間透天厝裡有個可怕的鬼婆婆，她用低沉恐怖的聲音問年輕人：「為何闖入此地？」年輕人便誠實地訴說自己被追趕到這邊的經過。聽罷，鬼婆婆對那個夢產生了濃厚的興趣，堅持要年輕人說給她聽，但遭到拒絕。

於是，鬼婆婆提議：「如果你肯說出夢的內容，我就給你一把能夠飛上天的神奇團扇。」年輕人想了想，說：「如果那把團扇真的能讓我飛起來，我就告訴你吧。」鬼婆婆便將團扇遞給他。他小心翼翼地揮動幾下，果然身體漸漸浮起，於是他不停地搧動團扇，結果越飛越高，最後竟直接飛走了。

年輕人飛到海洋上空時，漸漸感到疲累，便低頭尋找落腳的地方。發現一座小島後，他便降落休息。不料，小島忽然搖晃了起來。他驚訝地抬頭細看，才發現這座小島居然是一頭巨大鯨魚的背脊！

鯨魚說：「如果你願意告訴我夢的內容，我可以給你兩根神奇的針。一根能刺死任何恐怖的生物，另一根則能讓死去的生物復活。」年輕人仍不肯立即答應，他說：「我要先測試一下。」他用能致死的針刺向鯨魚，鯨魚死去後，他拿著團扇再次飛向陸地，逃之夭夭。

年輕人降落到一座城鎮，發現城裡的人都愁容滿面。上前打聽後，得知當地領主的女兒前一天去世，所有人都陷入悲痛之中。年輕人告訴大家，他擁有一種能讓人死而復生的祕術。消息迅速傳遍整座城鎮，領主立即派人迎接他到府中，請他挽救公主的性命。

年輕人來到公主的靈前，要求四周架起金屏風，將自己與公主的遺體隔開。他手持從鯨魚那裡獲得的「生之針」，一邊低聲念著咒語：

金之哈古哈古
金之哈古哈古

針刺下去後，奇蹟發生了！公主的臉頰恢復紅潤，緩緩睜開雙眼，從死亡中復活了過來。

領主與所有人都欣喜若狂，全城鎮迅速洋溢著歡慶的氣氛。領主認為年輕人是女兒的救命恩人，決定將公主許配給他，但他婉言拒絕，只接受一大筆賞金，然後回到家鄉，與父母過著平靜幸福的生活。

（秋田縣仙北郡荒川村水澤〈現今的大仙市〉。《秋田郡邑魚譚》武藤鐵城）

42 寢太郎三助

很久很久以前，有個名叫「寢太郎三助」的男子，每天從早到晚都在睡大覺。某天清晨，不知他想到了什麼，竟破天荒地早早起床，往山裡走去。直到黃昏，他才帶著一隻抓來的野雞回到家中。他把自己關在房裡，不知在忙著什麼。過了幾天，到了傍晚，他終於走出家門，似乎在進行什麼計畫。

當時村子的村長名叫源左衛門，他有一位名叫阿美代的女兒，美麗動人。寢太郎三助悄悄爬上源左衛門家院子裡的一棵冷杉樹，靜靜等待源左衛門回來。

天色漸暗，源左衛門終於回來了。正當他走到冷杉樹下時，寢太郎三助忽然從樹上開口說話：「喂！源左衛門，你如果不讓寢太郎三助做你家的女婿，三天之內，我就要把你家燒個精光！」

說完，寢太郎三助拿出帶來的野雞，將提燈綁在牠的尾巴上，然後放牠朝西邊飛去。

源左衛門看到黑夜中搖曳的光芒，心想：「這一定是出雲大神的指示！」於是，第二天一早，他便前往寢太郎三助的家，恭敬地請求寢太郎三助成為他女兒阿美代的丈夫。

就這樣，寢太郎三助娶了美麗的阿美代，成了村長家的女婿，一生過著安逸自在的日子。

（廣島縣高田郡。《安藝國昔話集》磯貝勇）

43 蜻蜓長者的傳奇

很久很久以前，在奧州一處深山小城，有一位極為富有的大財主，人稱「蜻蜓長者」。他的家產之豐厚令人瞠目結舌，家中養了三千名僕人，每天光是煮飯就要用上一百石的大米。據說，洗米時的洗米水會流進附近的米代川，讓河水呈現乳白色，因此，至今米代川的河水依然有些混濁。

有一次，蜻蜓長者前往京都，向天皇請求授予「長者之印」。天皇說：「要成為長者，必須擁有天賜的寶物。而人生最大的寶物莫過於子嗣，你是否擁有這份恩賜呢？」蜻蜓長者回答：「我對小豆澤的大日如來十分虔誠，因此獲得了一個獨生女。這次進京，她也跟著我一起來了。」

當女兒被召喚到天皇面前，大家見到她長得如花似玉，無不驚為天人，後來她甚至嫁入豪門，成為一位尊貴人士的妃子。

年輕時的蜻蜓長者只是平凡的農夫，為人正直又勤奮。他與妻子住在山中，蓋了間小屋，努力開墾荒地過日子。有一天，他在田邊午睡時，妻子起身無意間看見一隻蜻蜓從對面的山腳飛過來，而且繞著丈夫的臉與嘴巴飛了好幾圈後才離去。

丈夫醒來後對妻子說：「我剛才做了個奇怪的夢，夢見喝了一種從沒喝過的美酒，好喝得不得了。」妻子將蜻蜓的事情告訴他，兩人覺得奇妙無比，於是決定前往蜻蜓飛來的那座山一探究竟。

他們沿著山腳走去，果然發現岩石下湧出一股清泉。兩人舀清泉水來喝，發現竟是一種天然的美酒，甘甜醉人。更令人驚喜的是，這座山裡竟然蘊藏著無窮無盡的黃金！他們挖出大量的金子，從此成為富甲一方的大財主。

「蜻蜓長者」這名字的由來，是因為蜻蜓的啟示讓這名男子一夕致富，人們便稱他為「蜻蜓長者」[10]。

（秋田縣鹿角郡。《鹿角志》）

10 譯註：原文為諧音。「蜻蜓長者」這名字的由來，是因為「蜻蜓」的奧州方言正是「だんぶり」，而且其致富又是因為蜻蜓的啟示。

44 草繩長者

很久很久以前，在某地的村落裡，有一個貧窮的小夥子與家人住在村邊，隔壁則是富裕的地主一家。地主有一位美麗的女兒，而貧窮人家則有一個心地善良的兒子。

有一天，貧窮的小夥子鼓起勇氣走到地主家，請求道：「能否將您的女兒許配給我？」地主聽了，冷冷一笑，回答：「像你這樣的窮人，怎麼能配得上我的女兒？但我可以給你一個機會。如果你能憑著這根草繩而成為千萬富翁，那我就把女兒嫁給你。」說完，隨手遞給他一根草繩。

小夥子手握草繩，走出地主家的大門。此時，外面狂風大作，彷彿暴風雨即將來臨。他一路行走，經過一戶人家，看見一位老人正在拚命扶著被風吹得搖搖欲墜的樹苗。小夥子心生同情，便用手中的草繩將樹苗牢牢綁好。老人感激不已，從家中拿出一片芭蕉葉作為回禮。

小夥子帶著芭蕉葉繼續前行。不久，天邊飄起細雨。他遇到一位提著味噌罐要回家的婦人，味噌罐沒有蓋子，雨水淋到了罐子裡。小夥子連忙將芭蕉葉遞給婦人，讓她遮住罐口。婦人十分感激，送給他一塊味噌作為謝禮。

天色漸暗，小夥子來到一間破舊的小屋，裡面住著一位盲眼的老婆婆。小夥子向老婆婆借宿，老太婆雖然窮困，但還是拿出白飯款待他，但沒有任何配菜。小夥子便將自己剛剛得到的味噌分給她。老太婆吃了一口，因為味噌鹹到不行，竟驚訝得跳了起來。就在這一瞬間，她的眼睛奇蹟般地恢復視力！老太婆喜極而泣，決定好好感謝小夥子，便將家中僅有的一把從前老公公用過的舊剃刀送給他。

小夥子帶著剃刀繼續旅程，路上遇見了一位失去主家的武士，滿臉鬍鬚、蓬頭亂髮，看起來就像乞丐般邋遢。小夥子覺得這個落魄武士很可憐，就用剃刀幫他修整鬍鬚與頭髮。武士整個人煥然一新後，感激不已，便將自己的佩刀脇差送給他。

小夥子腰間掛著脇差，繼續上路，途中正巧遇見一位領主的隊伍。他恭敬地跪拜行禮，突然間，隊伍中的侍從走上前，對他說：「你腰間的脇差是難得的珍品，我家主殿希望能用重金購得，你是否願意割愛？」小夥子一聽便欣然同意，瞬間成為富翁。

成為富翁後，小夥子回到家中，按照約定拜訪地主。地主見他果然成為千萬富翁，只好信守承諾，將女兒嫁給他。小夥子與地主的女兒從此過著幸福快樂的生活。

（長崎縣壹岐郡志原村〔現今的壹岐市〕。《壹岐島昔話集》山口麻太郎）

45 炭燒小五郎

很久很久以前，豐後國（現今的大分縣）有一位人稱真野長者的富翁，他原本只是一個工作勤奮的窮小子，在三重的內山蓋了一間簡陋小屋，以燒炭為生，大家叫他炭燒小五郎。

某天，一位從京都遠道而來的美麗公主來到這間小小的、寂寞的炭燒小屋。公主對小五郎說：「京都清水寺的觀音菩薩指引我來這裡，要我成為你的妻子。從今天起，請讓我住在這裡吧。」

小五郎既驚訝又高興，答道：「你千里迢迢從京都來嫁給我，實在是我的榮幸。但這個小屋裡，連今晚我們兩人要吃的米都沒有啊！」公主聽後溫柔地笑道：「那麼，請你到鎮上去買些米吧。」然後從錦袋中拿出兩枚金光閃閃的小判，即金幣，交給小五郎。

小五郎帶著小判下山買米，途中經過內山山腳的一條溪谷。溪邊長滿了茂密的楊柳，樹影倒映在平靜的水潭中。正當小五郎走過這片林間小徑時，發現潭上有兩隻悠閒玩耍的鴛鴦。他興起了捕鳥的念頭，便將手中的小判當作石子丟向鴛鴦。不料鴛鴦展翅飛走，兩枚小判全都沉入水底。

小五郎無奈，只好空手回到小屋，然後對公主說：「剛才路上看到鴛鴦，想抓來送你，結果沒打中。」

公主聽完大吃一驚，急忙說：「你不知道那兩枚小判是珍貴無比的寶物嗎？有了它們，我們不但可以買到許多米，就算要買魚、買雞來吃也都不是問題。你竟然這樣隨便浪費掉，真是可惜啊！」

小五郎這才明白小判的價值，驚訝地說：「我還以為那只是普通的石頭，沒想到竟是這世上最珍貴的寶物。可是，我家小屋後面的山裡到處都是這種顏色的小石頭喔！」

於是，兩人點起火把，一起去山裡查看。果然，如小五郎所說，整座山谷裡的小石頭竟然全是黃金！他們連夜將黃金搬回小屋，沒多久，整間小屋就堆滿了，放不下的就堆在屋外。

消息傳開後，鎮上與鄉里的人們紛紛前來，帶著各種物品交換黃金，還爭相為小五郎夫妻效力。小五郎便在三重的內山興建了一座宏偉的宅邸，並修建了供奉觀音菩薩的御堂，日夜虔心敬拜。

與奧州的蜻蜓長者一樣，他們育有一個如花似玉的女兒，長大後進京成為貴妃，使家族更加興旺繁榮。因為小五郎原本是以燒炭為業，所以人們尊稱他為「炭燒長者」。

（大分縣臼杵市《俚謠集》）

46 金色山茶花

很久很久以前，有個性情急躁、動輒發怒的領主。有一天，在深夜的宴會上，領主的夫人忍不住打了一個哈欠，沒想到領主竟然為了這個小小的舉動大發雷霆，命人將夫人獨自送上船，流放到荒島去。

船隻隨波漂流，最後停靠在一座寂靜的島嶼。夫人雖然很幸運地被島上居民救了起來，但從此便過著與以往天壤之別的生活。

不久之後，夫人生下領主的孩子。這個男孩如同寶玉般俊美，但生活環境與島上的其他孩子並沒有兩樣。

他十二歲的時候，發現其他孩子都有父親與母親，唯獨自己只有母親，便好奇地詢問母親原因。母親沉思片刻，決定告訴他真相：「其實，你是遠方領主的兒子。我肚子懷你的時候，不小心打了一個哈欠，結果被領主視為大罪，流放到這座島上來了。」

男孩聽完後憤憤不平，當即表示要去見父親。他踏上旅程，穿越山林，最終抵達父親所在的城池附近。在進城的路上，他看到山坡上盛開著許多山茶花，於是心生一計，摘下幾枝山茶花，帶著它們走到城門前，大聲叫喊：「金色山茶花！誰要買金色山茶花？」

領主聽到這奇怪的叫賣聲，命人將這個賣花的男孩帶來。他看見男孩手裡拿的是普通的山茶花枝，便怒斥他：「竟敢胡說八道，說這是金色山茶花，簡直膽大妄為！」

男孩不慌不忙地回答：「不，這不是普通的山茶花。只要由從未打過哈欠的人種下，它便會開出金色的花朵。」領主聽了忍不住哈哈大笑：「世上怎麼可能有人從來不打哈欠！」

男孩正色道：「可是，殿下您當初卻只因為夫人打了一個哈欠，就將她流放荒島，這又該怎麼解釋呢？」

領主聽了這話，如同被雷擊中，頓時醒悟。他意識到自己因一時惱怒，對夫人犯下了大錯，於是立刻派人將夫人接回宮中，三人從此過著幸福美滿的生活。

（福井縣。《福井縣鄉土誌》第二輯民間傳承篇）

47 鶯姬

很久很久以前，在駿河國（現今的靜岡縣）住著一位老翁，以伐竹為生，將竹子製成各種器具出售，因此人們稱他為「竹取翁」或「箕作翁」。

有一天，老翁進入竹林時發現了一個黃鶯的鳥巢，裡面有一顆與眾不同的蛋，散發出耀眼的光芒，於是小心翼翼地將這顆蛋帶回家珍藏。沒多久，蛋殼自然裂開，從中誕生了一位嬌小美麗的少女。由於她是從黃鶯的蛋生出來的，老翁便為她取名「鶯姬」，視如己出。

鶯姬漸漸長大，成為世上難得一見的絕世美人。她的光輝令人讚嘆，因此人們稱呼她為「輝夜姬」。從這時候起，老翁每次砍伐竹子，總會發現竹節中藏了滿滿的黃金，於是，貧窮的老翁迅速成為富甲一方的大富翁。

隨著鶯姬的美名遠播，各地求親者絡繹不絕。他們帶著滿心的憧憬而來，但總因無法回答富翁與鶯姬所出的難題而悻悻折返。

消息傳到了當時的天皇耳中，他聽說鶯姬美貌絕倫，心生嚮往。有一次，他趁著狩獵的機會，親自前往駿河國拜訪鶯姬，並希望能帶她回京當他的妃子。然而，鶯姬有自己的想法，婉拒了天皇的好意。

那一年秋天，八月十五的夜晚，皎潔的月光灑滿整片天空。這時候，一片白雲從天而降，迎接鶯姬。鶯姬在老翁的陪伴下，從富士山的山巔升向天界。臨行前，她留下了一首感人至深的和歌以及長生不死之藥，獻給天皇：

此刻披上天之羽衣，唯願君能想起我對您的深情厚意。

天皇讀著這首和歌，感到萬分悲傷，思念不已，而且覺得長生不死之藥已無用處，便命人將藥拿到距離天空最近的富士山頂焚燒。從此之後，山巔長年冒煙，人們認為那是焚燒不死藥的煙霧，久久不散。

（海道記）

48 瓜子姬

很久很久以前，有一對老公公與老婆婆。老公公每天上山砍柴，老婆婆則到河邊洗衣服。

某一天，老婆婆照常到河邊時，從上游漂來了一顆大瓜。她將大瓜撿回家，與老公公一起切開來看，沒想到瓜中竟然誕生出一個嬌小可愛、美麗動人的小女孩。因為女孩是從瓜中生出來的，老夫婦便為她取名為瓜子姬，細心撫養她長大。

瓜子姬逐漸長成亭亭玉立的女孩，每天勤奮地織布。今年村莊鎮守神的祭典快到了，老公公與老婆婆打算帶瓜子姬一起去參拜。他們商量著要為她買一頂轎子，便一起進城去採購，臨走前囑咐瓜子姬鎖好門，在家安心織布。

瓜子姬獨自在家織布時，一個壞心眼的妖怪「天邪鬼」悄悄來到門外，假聲假氣地哄騙她：「請稍微開一點門，一點點就好了。」瓜子姬心生憐憫，輕輕打開一條門縫，沒想到妖怪伸出可怕的手，用力推開了門。

妖怪虛情假意地說：「來，我帶你到後院摘柿子吧！」結果卻將瓜子姬拖到柿子樹下，剝光她的衣服，並將她綁在樹上，然後自己穿上瓜子姬的衣服，若無其事地坐在屋裡織布。

此時，老公公與老婆婆買了轎子回來，高興地喊：「瓜子姬，快來坐轎子！」妖怪裝模作樣地坐進轎子，準備隨老公公與老婆婆一起參拜鎮守神。就在這時，被綁在柿子樹上的正牌瓜子姬哭喊著：「不要帶妖怪去啊！不要讓妖怪坐轎子啊！」哭聲響徹全村。

老公公與老婆婆聽到後大驚，急忙折返，發現真相後怒不可遏。老公公抄起鐮刀，狠狠斬下了妖怪的頭，丟到高粱田裡。據說，正因妖怪的鮮血染紅了高粱，從此，高粱的莖在秋天才會變得鮮紅。

（島根縣。《日本傳說集》高木敏雄）

49 竹子童子

很久很久以前，有一個名叫三吉的年輕學徒，專門幫桶匠做工。有一天，他到後山的竹林裡砍竹子，準備用來製作水槽。正當他專心伐竹，突然聽見有人叫他：「三吉，三吉！」他疑惑地自言自語：「咦，誰在叫我？」那聲音回應道：「三吉，我在這裡，在這裡！」三吉四處張望，卻什麼都沒看到。他問道：「你在哪裡啊？」那聲音說：「我在竹子裡啊！」

三吉走近一根竹子，還是看不到半個人影，當他再次起疑時，聲音響起：「三吉，快把我從竹子裡救出來吧！」於是三吉拿起鋸子把那根竹子鋸倒，然後鋸開竹節，裡面竟然跳出一個嬌小的孩童！三吉驚得差點摔倒在地。

那個孩童只有五寸（約十五公分）高，卻發出響亮的聲音，對三吉說：「謝謝你，三吉！」三吉將他托在手掌上，仔細端詳，忍不住問：「你怎麼會在竹子裡呢？」孩童答道：「我原本是天上的竹子童子，不小心被一個惡毒的筍子抓住，他把我關在竹子裡，害我沒辦法回到天界。幸好遇到你，終於把我救出來了，真是太感激你了！」

三吉又問：「你怎麼知道我的名字？」竹子童子笑著說：「我是天界的使者，世上所有的事我都知道啊。」三吉詢問他的名字時，他自豪地回答：「我叫竹子童子，今年一千兩百三十四歲啦！」

接著，竹子童子說：「我很快就要回天上去了。但在回去之前，我得報答你的恩情，否則會被公主罵！」三吉聽了興奮不已，問道：「你要怎麼報答我呢？」竹子童子說：「我可以滿足你七個願望。」三吉驚喜地追問：「真的嗎？你不會騙我吧？」竹子童子一本正經地說：「天界的人不說謊！」

竹子童子教三吉一段神奇的咒語，告訴他只要誦念咒語，就能實現願望。三吉從小夢想成為一名武士，於是他按照竹子童子的指示，念道：

竹子呀，竹子呀，
讓我成為武士吧！

三吉念了三遍，瞬間變成了一位真正的武士！

然後，三吉對竹子童子深深道謝後，揮別竹林，開始了他的武士修行之旅。

（熊本縣球磨郡。《昔話研究》第一卷第八期）

50 米袋與粟袋

很久很久以前，某個村莊裡住著一對姊妹。姊姊名叫米袋，是已故母親的孩子；妹妹名叫粟袋，是繼母的孩子。繼母偏愛自己的親生女兒粟袋，總是對姊姊米袋充滿敵意，處處虐待。

有一天，村裡的女孩們決定一起上山撿拾栗子。繼母只給米袋一個破舊且底部爛掉的草袋子[11]，卻給粟袋準備了一個新的藤籃[12]。

大家都撿滿了栗子準備回家時，米袋的草袋子因為底部破洞，怎麼都裝不滿。最後，其他女孩都回家了，只有米袋一人留在山裡。

飢餓難耐的米袋走到溪邊喝水時，一隻白色的小鳥飛到她身旁，開口說話了：「可憐的孩子，我原本是你的母親。你一直那麼溫順，對繼母也盡心盡力，今天我要獎賞你。」說完，白鳥變出一件小袖和服、一支葵笛與一個全新的草袋子，交給了米袋，並叮囑她將小袖藏在土裡，等有需要時再穿。

有了新的草袋子，米袋很快撿滿了栗子，背著滿滿的收穫回家。

四、五天後，鄰村舉辦祭典。繼母幫粟袋打扮得漂漂亮亮，帶她去參加祭典，卻故意給米袋派了一個不可能完成的任務：織好三捆麻線才能出門。於是，米袋只好努力紡著苧線。這時，許多朋友前來邀約，但米袋說：「母親交代我必須做完這些工作，所以我不能去了。」朋友們聽了深感不捨，紛紛動手幫忙，結果，原本繁重的工作竟在眾人的協力下迅速完成了。

接著，米袋取出白鳥贈送的小袖，精心打扮後，與大家一同出發。一路上，她邊走邊吹奏葵笛，笛聲悠揚婉轉，彷彿在歌誦著：

聽到這笛聲的生靈啊，
天際飛翔的鳥兒，請停下振翅傾聽；
地上爬行的蟲兒，請止住腳步靜聽。

米袋來到鄰村的神社，發現妹妹粟袋與繼母正在一旁觀看人偶舞。她將包子的皮偷偷丟向妹妹，正好打中她的臉頰。粟袋大吃一驚，說：

11 將稻草編織的墊子、草蓆等對折後，左右兩端以細繩縫合成袋子。用於存放或運送穀物等。

12 東北及北陸地區，人們用藤蔓或繩子編織而成的置物籃。

「啊，是姊姊從那邊丟包子皮過來！」但母親根本不信：「不可能！米袋還有家務要做，怎麼可能在這個時候過來？」

過了一會，趁著粟袋轉過頭去，米袋又把包糖果的竹皮丟了過去。粟袋再次說是姊姊丟的，但母親依然不信，說：「丟的人只是長得跟你姊姊很像而已吧！下次別理會別人丟的東西！」

母親與粟袋準備回家時，米袋先一步回到家並換好衣服，裝作什麼事都沒發生過的樣子。

隔天，鄰村有人上門提親，表示想娶米袋為妻。繼母卻硬是想把粟袋嫁出去，於是提議讓兩人比拚美貌，由男方決定娶誰。

準備時，粟袋問：「頭髮上該塗什麼好呢？」母親說：「從架子上拿油來塗吧！」米袋也問了同樣的問題，繼母卻隨口說：「廚房水槽底的水，隨便拿去用吧。」

粟袋的頭髮帶著自然捲，梳理時發出「嗶叭嗶叭」的聲響，母親竟稱讚：「像古琴或三味線的聲音呢！」而米袋的頭髮柔順且豐盈，梳理時發出「嘩啦嘩啦」的聲音，卻被母親瞧不起：「簡直像糞蛇爬進洞裡的聲音！」

儘管如此，梳妝完畢後，所有人都看得出米袋遠比粟袋美麗。最終，米袋被選為新娘，風風光光地嫁了出去。

看到這一幕，粟袋羨慕不已，哭鬧著對母親說：「我也想坐那漂亮的花轎出嫁！」無奈之下，母親用手推車載著粟袋，邊走邊喊：「要不要娶新娘啊？」結果，手推車翻覆，粟袋掉進田裡，化作了田螺，而惡毒的繼母也掉進堤壩，變成了堰貝。

（青森縣西津輕郡鰺澤町七石。《津輕口碑集》內田邦彥）

51 山姥與寶貴的蓑衣

很久很久以前，某個山間鄉村住著一位美麗的女孩。某個春日，她與村裡的人一同上山遊玩，卻不小心走錯路落單，而且越走越遠，找不到回家的方向。天色漸漸暗下來，女孩在山中徘徊，不知該往哪裡走才好。就在這時，她看到遠處有一盞燈火，於是欣喜若狂地朝燈光走去。

其實這裡是山姥的家，山姥正獨自坐在火爐旁烤火。女孩滿心期盼能在這裡借宿，但山姥告訴她：「這裡是吃人妖怪住的地方，我沒辦法留你，你還是去找其他人家借住吧。」

女孩聽了這話，嚇得渾身發抖，但她還是懇求道：「請讓我住下來吧！我已經沒力氣在這個黑夜裡走下去，如果繼續在山中亂走，肯定會被熊或狼吃掉。與其這樣，我寧可被你吃掉。」

山姥聽後，心生憐憫，便說：「好吧，雖然這是我珍藏的寶物，但我將這件蓑衣送給你。穿上它並念三次咒語，你就能變成老人、孩子，或任何你想變成的模樣。還有，如果你搖晃這件蓑衣，你想要的東西都會出現。」說罷，山姥將一件漂亮的蓑衣交給女孩，並教她如何使用。

女孩感激地接過蓑衣，立即穿上並變成一位步履蹣跚的老太婆。她走出山姥的家，沿途遇到了等待獵食的鬼怪們。「有人來了，我們去抓來吃吧！」其中一隻鬼怪說。但其他鬼怪制止道：「別管她，那只是個又瘦又髒的老太婆，沒什麼好吃的。」

就這樣，女孩躲過了鬼怪們的毒手，終於在天亮時抵達一個陌生的村莊。

女孩來到一位富翁的家門口，哀求道：「我無家可歸，請收留我吧！哪怕只是讓我待在角落也好。」仁慈的富翁答應了，安排她住進長屋。

在長屋中，女孩白天靠紡紗為生，夜晚因無事可做，便悄悄變回原本的模樣，習字練書。某一天晚上，富翁的兒子恰巧經過長屋，看到燈光微微透出，忍不住往裡面窺探，發現一位美麗的女孩正在靜靜習字。他對這位女孩一見傾心，第二天便在屋內四處尋找，但那位女孩早已不見蹤影。

後來，富翁家的下人也目睹了女孩的身影，懷疑她可能是妖怪，於是將此事告訴富翁。富翁將假扮老太婆的女孩叫來，反覆追問後，女孩只好坦白她從山姥那裡得到寶貴蓑衣的經過，並展示蓑衣的神奇力量。接著，她變回原本的模樣，詳細說明自己的身世，並懇求富翁送她回家。

在富翁的幫助下，女孩很快找到自己的家。家人原以為她早已死去，正在為她舉行祭祀，得知她平安歸來後，舉家欣喜若狂。後來，富翁的兒子迎娶了女孩，兩家從此和樂融融，過著幸福美滿的生活，真是可喜可賀！

（山梨縣。《國民童話》石井研堂）

52 姥皮

很久很久以前，有位地主擁有許多農田，每天清晨都會前去巡視。有一年持續乾旱，農田乾裂得寸草不生。農田附近有一座沼澤，某天清晨，地主在沼澤旁徘徊時自言自語道：「我有三個女兒，如果有人能替我的田地灌滿水，我願意把其中一個女兒嫁給他。」

第二天清晨，地主發現田裡的水竟然灌得滿滿的！雖然感激不已，但隨之而來的是無法平靜的恐懼——他明白這是沼澤主蛇接受了他的條件。想到必須將女兒嫁給沼澤主蛇，他徹夜難眠，早上也沒力氣下床。

於是，大女兒走進來說：「父親啊，您還要睡到什麼時候？快起來吃飯吧。」父親卻低聲說：「我有心事，吃不下飯，什麼都吃不下。」大女兒問他：「什麼事情讓您這麼煩惱呢？」父親嘆了口氣說：「每天早上我去田裡巡視，看到田裡總是乾到出現好多裂縫。昨天早上我走在沼澤邊，心裡嘀咕著：『我有三個女兒，如果誰能幫我的農田灌滿水，我就把其中一個女兒嫁給他。』結果今天早上再去看，田裡果然灌滿了水。

所以啊，我在想，你願不願意嫁到沼澤主那裡去呢？」大女兒聽完，氣得說：「世上哪有像您這樣糊塗的父親！」說完便走了。

接著，二女兒來叫父親吃飯，父親也把同樣的話對她說了。然而，二女兒也和姊姊一樣，毫不理睬父親的提議，氣沖沖地離開。

最後，小女兒來叫父親起床，父親又講了一遍，問她：「你願不願意嫁給沼澤主？」小女兒說：「父親的話我都會聽，但有一個條件，您也要聽我的。」她要求父親為她準備「水取珠」、「千根針」與「火取珠」。父親答應了，終於放下心事，起床吃飯。

小女兒帶著這些法寶，騎馬來到沼澤主的住處。下馬後，她將水取珠丟進沼澤，沼澤裡的水立刻乾涸了。接著，她撒出千根針，針紛紛刺進沼澤主的身體，害他痛得翻滾咆哮。最後，她拋出火取珠，瞬間烈火將整片沼澤燃燒殆盡，只剩下小女兒一人留在那裡。

站在空蕩蕩的沼澤邊，小女兒不知該何去何從。就在這時，一隻青蛙蹦蹦跳跳來到她的腳邊，說：「姊姊，為什麼你獨自在這裡發呆呢？」小女兒向青蛙說出事情的來龍去脈，並問：「這附近有地方可以讓我做工嗎？」青蛙回答：「像你這樣美麗的裝扮，很難找到工作。我這裡有件可以變身成老太婆的姥皮，你先穿上，再去村子裡試試看吧。」

小女兒接過姥皮，穿上後，果然變成一個彎腰駝背的老太婆。

小女兒下山來到村子，走進一戶人家說：「請雇用我吧，哪怕是要做打掃庭院的粗活也行。」主人看到她的身影，說：「這個老太婆彎腰駝背的，剛好適合掃地，就留下她吧。」然後交代下人在院子角落搭一間小房間，讓她住下。白天，小女兒以老太婆的模樣打掃庭院；夜晚，她回到房間後脫下姥皮，恢復原貌，點燈閱讀。

有一天深夜，這家的年輕主人外出回來，看到老太婆的房間裡亮著燈，覺得奇怪，偷看後發現裡面竟有一位美麗的女子在讀書。他感到不可思議，次日夜裡又去偷看，依然如此。他對這位女子念念不忘，朝思暮想，最後茶飯不思，甚至病倒了。

家裡人輪流為年輕主人送飯，但他一概不理。主人的妻子提到：「家裡只剩那個掃地的老太婆還沒去送過飯。」主人說：「不妨讓她試試看吧。」雖然妻子嗤之以鼻，但還是讓老太婆送飯。

小女兒回房脫下姥皮，沐浴後精心梳妝打扮，端著飯送到年輕主人面前。年輕主人見到她，立刻露出微笑，愉快地吃下飯菜。這家人終於明白，原來年輕主人喜歡的是這位美麗的女子，於是為他們兩人舉辦盛大的婚禮，家業從此更加興旺。

（岩手縣二戶郡福岡町。佐藤良裕採集）

53 繪姿嬌妻

很久很久以前，在一座小島上，有個年輕男子過著極為貧窮的生活。他一個人住，家裡僅有九尺（約二．七公尺）見方的空間，旁邊有一小塊農地，勉強能種點作物，就算今天有食物吃，明天卻可能什麼都沒有，窮到了極點。

有一天，男子在那片小小的田地裡翻土，準備種植蕃薯，突然眼前出現了一位美麗的女子。她的出現彷彿從天而降或自地湧現一般，讓男子目瞪口呆，怔怔地站在原地。女子坐在地上，雙手伏地，誠懇請求道：「請你收留我，讓我成為你的妻子吧。」

男子慌張地回絕：「我自己一個人過活都很困難了，根本沒辦法養活像你這麼美麗的女子。你這麼漂亮，可以嫁給任何富裕的人家，所以，請你打消當我妻子的念頭吧。」然而，女子卻堅定地說：「除了你，我不會成為任何人的妻子！」

男子無計可施，只好回到自己的小屋，沒想到那名女子竟跟著進了他的家，還開始幫忙打掃凌亂的屋子。當男子說家中無米可下鍋，女子笑著說：「那就交給我吧。」她走到田裡撒下種子，片刻間稻穗便長了出來，且在短短一個小時內結出飽滿的稻穀，女子收割後立刻煮成香噴噴的米飯。

女子的能幹可不只如此，她將荒蕪的田地一一開墾出來，讓男子很快成為大地主。她還養蠶，取絲織布，替男子製作新衣。她蓋了一間寬敞的木屋，還附帶倉庫，讓男子從全村最貧窮的人搖身一變，成為數一數二的大富翁。

男子依舊每天出門耕作，但很快就回到家中。某天，妻子問他：「你以前可是出了名的勤奮，為什麼最近總是早早回家？」男子答道：「我如果一個小時沒看到你的臉，就沒辦法安心做事。」妻子聽後，笑著拿出一幅自己的畫像遞給男子，說：「那麼，帶著這幅畫去田裡工作吧。」

男子將畫像掛在田裡的木樁上，時不時看一眼，便能專心工作。不料，一日颳起大風，將畫像吹得不知去向。男子沮喪地回家，向妻子說明情況。妻子又拿出一幅畫像交給他。

另一方面，那被風吹走的畫像在空中飄舞，最後落在了殿下府邸的簷廊上。殿下發現畫像，驚訝之餘凝神觀看了許久，感嘆道：「世上怎會有這樣美麗的女子呢？」隨即向家臣們詢問：「這世間實在不可能有這樣的美人吧？」家臣們附和道：「因為是畫像才會如此美麗吧。」

然而，其中一位家臣凝視畫像許久後上前回答道：「這位女子確實存在。她住在離這裡大約兩里（約八公里）的地方，是一位從貧苦中翻身的男子之妻。據說，自從她嫁入那戶人家後，他們的家境逐漸改善，房子越蓋越大，如今已是村中數一數二的大富翁。」聽了家臣的話，殿下思索了一會兒，隨即做出決定，派人傳令給男子。

命令的內容是：「你帶兩位力士來，我這邊也請兩位力士。如果你的力士贏了，我便賞你五百兩金子，但如果我的力士贏了，你必須將你的妻子獻給我。」

男子接到命令後悲痛不已，流下淚水。這時，妻子對他說：「請不要擔心，我去請力士過來。」說完便離開了。不久，她帶回了兩位老人——一位七十歲，另一位八十歲。男子見狀大驚，說：「這麼老的人怎麼可能相撲？這下我們注定要分開了。」說完再次痛哭。

妻子安慰道：「不必擔心，你帶他們去吧！」男子無奈，帶著兩位老人來到殿下府邸。殿下派出的力士身形如四斗桶般壯碩，家臣們見到男子帶來的兩位老者，忍不住竊笑。

比賽開始，殿下的巨漢力士先登場，擂台震動。男子那邊則是派出七十歲的老人。只見老人一聲吶喊，迅速將對手摔至地面達一尺（約三十公分）深。接著，八十歲的老人也將另一位力士摔進地面二尺（約六十公分）深。殿下敗北，履行約定，賞給男子五百兩金子。

男子回到家後，感激地分給兩位老人各一百兩，送他們回家。

回到家中，妻子說道：「那麼，我的使命已經完成了。今天我就要離開了。」男子驚訝地問：「為什麼突然說出這樣的話？如果要和你分開，我寧願一死。」他緊緊握住妻子的手哭喊著。

妻子答道：「不要這樣說。我只能將你抓住的手留在這裡。」說完，妻子切下自己的手，轉身消失不見。

當晚，男子因思念妻子輾轉難眠。第二天醒來時，他發現自己獨自坐在家中，聽到屋後神社裡傳來說話聲：「真是奇怪呢，今天男神的脖子上掛著一百兩金子，而女神卻少了一隻手臂，到底是怎麼回事啊？」

男子恍然大悟：「原來我的妻子竟是神明！」他急忙將昨日的手臂帶到神社，果然看到女神的雕像少了一隻手臂。他跪下叩首，懺悔道：「未能察知您是神明，實在罪過，請原諒我！」將手臂供奉在神像前。

男子抬頭時，驚喜地發現，女神的手臂已然復原。他之所以能夠得到神明的庇佑，全是因為他的正直與善良。

（鹿兒島縣奄美大島名瀨〔現今的奄美市〕。《昔話研究》第二卷第七期）

54 灶神的由來

很久很久以前，有個村莊裡住著一個農夫。有一次，農夫在旅行回來的途中，入夜時突如其來下了一場大雨，他只好暫時躲在供奉道祿神的路邊小樹林裡避雨。

這時候，有人騎馬經過樹林前方，從暗處開口說：「道祿神在嗎？今晚有個村莊要迎接兩個新生兒，你要不要一起去決定這兩個新生兒的命運？」

樹林裡傳來回答：「謝謝你的邀請，但現在剛好有來躲雨的客人，我走不開，請你代為處理了。」馬背上的人回應：「這樣啊，那我自己去囉！」說完，馬蹄聲逐漸遠去。

農夫心想，剛剛提到的村子不就是自己住的地方嗎？這事情真奇怪。正在為此納悶時，不一會兒，騎馬的人回來了，從外面喊道：「本家生下男孩，分家生下了女孩。男孩命運多舛，女孩福氣滿滿。如果讓他們結為夫妻，女孩的福氣會帶給男孩家繁榮興盛。」說完便消失了。

農夫聽到這番話大為驚訝，連忙回到村中查看。果然，家中剛出生一個男孩，而隔壁分家則生下一個女孩。他深感不可思議，於是與隔壁商量，當場訂下這門婚事。

男孩與女孩漸漸長大，最後成婚。果然，他們的家庭逐漸繁榮昌盛。然而，丈夫總認為這一切全靠自己的努力，並未意識到妻子的福氣是家庭興旺的關鍵。久而久之，夫妻之間的嫌隙越來越多。有一天，丈夫索性煮了一鍋紅豆飯，將妻子安置在一頭紅牛上，強行將她趕到遠方的荒野。

妻子淚流滿面，任憑紅牛帶著她四處遊走。最後來到深山中一間獨棟小屋。小屋的主人心地十分善良，對她倍加照顧。妻子無處可去，於是成為這戶人家的新娘。一段時間後，這個家庭的生活越來越好，還雇用了許多男僕與女傭，過著無憂無慮的富裕生活。

與此同時，那個趕走妻子的本家卻接連遭遇不幸，家境每況愈下，最終失去了祖傳的田地，落魄到靠賣竹篩維生。

有一天，這個竹篩小販偶然來到山間小屋。小屋主人買下了他所有的竹篩，讓他得以度日。從那一天起，反正他到其他地方也賣不掉任何竹篩，便幾乎天天到這戶人家來兜售。

某天，這戶人家的女主人仔細端詳竹篩小販的臉，說道：「你怎麼會落魄成這樣？難道你連以前的妻子都忘記了嗎？」這下小販才恍然大悟，發現眼前這位女主人正是當年他用紅牛載走、趕出家門的妻子。他驚嚇得大叫一聲，當場口吐白沫，一命嗚呼。

女主人見狀，覺得前夫十分可憐，於是趁沒人注意，悄悄將他的屍體埋在爐灶後面的泥土地裡，並親手製作牡丹餅當成供品。當天，那些外出工作的家人、男僕與女傭回到家時，女主人便對大家說：「今天我在爐灶後面祭拜荒神大人，還做了許多牡丹餅當供品，現在大家可以盡情享用。」從那時候起，農家便開始製作牡丹餅來祭祀灶神了。

（千葉縣長生郡。《南總乃俚俗》內田邦彥）

55 漂流木神明

很久很久以前，在某個地方住著一位喜愛釣魚的漁夫。有一天清晨，他起了個大早準備去釣魚，但因為天色尚早，他便在海邊等待潮水。他躺在沙灘上，隨手撿起一塊漂流木當枕頭，閉目小睡。就在這時候，從近海傳來的聲音在耳邊響起，清晰地叫喚著：「漂流木先生，漂流木先生！今天附近村莊有人要生產，快和我一起去為新生兒決定命運[13]吧！」

枕在漁夫頭下的漂流木聽了，回答說：「我現在被人當枕頭壓著，動彈不得，今天就麻煩你代勞了。」漁夫聽到這番對話，覺得不可思議。沒過多久，那個聲音又響起：「我回來了。」漂流木問道：「辛苦了！那麼，生產的情況如何？新生兒的命運如何呢？」那聲音回答道：「生出來的是個女孩。她十八歲時會遭遇水災，但如果能躲過此劫，將來必定有蓋出七座倉庫的好命運。」

這段對話讓漁夫感到更加不可思議，但他什麼也沒說，繼續釣魚。

13 譯註：「イヤギサシ」是奄美群島的一種方言，意指「賦予命運」。當地人相信，新生兒出生時，神明會為其決定一生的命運。

當天回家後，他發現妻子竟真的生下一個女孩，心中不禁聯想到沙灘上的對話，暗自驚訝。但他決定將這件事藏在心裡，並沒有告訴任何人。

時光飛逝，女孩長大了，轉眼間迎來十八歲的春天。這一年，她準備嫁到鄰村。婚禮前一晚，漁夫回想起當年漂流木的話，於是悄悄準備了蓑衣與斗笠。翌日天氣晴朗，按照當地習俗，父親通常不會陪女兒出嫁，但漁夫卻執意帶上蓑衣與斗笠，跟隨在女兒身旁。

途中，天氣突然變化，降下驟雨。女兒想躲到岩石下避雨，父親卻堅持不讓她去，將蓑衣與斗笠披在女兒身上，催促她繼續前行。最終，他們平安抵達鄰村，順利舉行了婚禮。

次日，送親的親戚返程時，再次經過那塊岩石，卻發現它已經崩塌。如果女兒當時在岩石下避雨，後果不堪設想。正因為父親的機智與執著，女兒才得以倖免於難。後來，女兒果然過上了幸福的生活，還真的蓋了七座倉庫，富足安康。

（鹿兒島縣奄美大島。長田須磨子採集）

56 矢村的彌助

很久很久以前，信州矢村有個年輕農夫名叫彌助。他是一個非常孝順的兒子，為人正直，勤奮工作，然而家境卻非常貧窮。某年的年底，彌助拿著僅有的一點錢，準備去市集採辦年貨。路上，他看到一隻山鳥受困在路邊的陷阱裡，正在拚命掙扎著。

彌助心想：「不如幫助這隻山鳥吧。」於是解開陷阱的繩索，放生山鳥。但他又覺得，如果只是將山鳥放走，對設陷阱的主人來說未免有些不公平。於是，他將手中僅有的那一點錢夾在陷阱裡，代替山鳥留下，然後空著手回家。

彌助的母親心地十分善良，聽完這件事後，稱讚兒子做了一件大善事。母子兩人雖然過了一個什麼都沒有的寂寞年節，心中卻感到無比踏實與溫暖。

就在這個時候，一位陌生的年輕女子前來拜訪。她說：「我是路過的旅人，因為大雪迷路，實在無處可去。如果可以的話，我願意幫忙做些家務，請讓我住到春天為止。」女子的到來為彌助家帶來了不少幫助，她不僅容貌端莊，性情也相當溫柔文靜。

彌助的母親見女子如此勤勞善良，便提議：「如果你沒有親人或依靠，要不要乾脆留下來，嫁給我兒子呢？」女子聽後欣然答應，於是成為彌助的妻子。他們夫妻恩愛，日子過得雖不富裕，卻也充滿幸福。

幾年後，有明山上出現了一個作惡多端的惡鬼。朝廷命田村將軍率兵討伐。彌助因為弓術高超，被選為田村將軍的隨從，參與這次的打鬼任務。出發之前，彌助的妻子悄悄叫住他，對他說：「有明山的惡鬼名叫魏死鬼，一般弓箭沒辦法射倒它，只有用擁有十三節尾羽的山鳥羽毛製成的箭，才能一擊致命。這是你一生中最重要的時刻，我願將自己的羽毛獻給你。」

說完，她又流下淚水，接著補充道：「其實，我正是多年前年底，那隻被你從陷阱中救出來的山鳥。」話音剛落，女子化作一道光影，飛向遠方，僅留下十三節美麗的山鳥尾羽。

彌助用這些羽毛製成一支威力無比的箭，成功射殺魏死鬼。從此，有明山一片祥和，日本阿爾卑斯山的壯麗景緻得以展現。而彌助也因為這份卓越的功勳，獲得朝廷的豐厚賞賜，從此揚名信州山野。

（長野縣南安曇郡。《南安曇郡誌》）

57 狐狸妻子

很久很久以前，能登國萬行地區有個男子名叫三郎兵衛。有一天晚上，他上完廁所回到房間，竟發現房裡有兩個一模一樣的妻子。他大吃一驚，心想其中必定有一個是妖怪假扮的。但是，不論外貌或言談舉止，兩人都絲毫無異。他試著提出各種刁鑽的問題來分辨，但兩人都回答得流暢自如，讓他一時不知如何是好。

過了一些時候，三郎兵衛對其中一人產生了些許懷疑，於是將那人趕了出去，留下另一位。從此之後，家境愈發興旺，還育有兩個兒子。這兩個孩子稍大一些時，喜歡在家裡玩捉迷藏。有一次，他們在遊戲中無意間發現母親竟然有尾巴！母親驚覺自己的真身被識破，無奈之下，對孩子坦白道：「其實我是一隻狐狸，現在既然被你們看穿，我就不能再待下去了。」含淚告別兩個孩子，獨自離開家。

從那以後，每當稻穗成熟的時節，這位狐狸妻子總會悄悄回來，繞著三郎兵衛的田地，邊走邊唸著：「稻穗啊，快快抽出來吧！」然而，這片田地的稻穗總是外表看似繁茂，其實長出的稻穀全是空包彈。官府的稽查人員前來檢查後，總會豁免這片田地的年貢。奇怪的是，當稻子收割回家後，稻穗就會奇蹟般地飽滿起來，甚至比其他家的收成都要好。就這樣，三郎兵衛一家的生活越來越富裕，日子過得安穩而充實。

（石川縣鹿島郡。《鹿島郡誌》）

58 青蛙妻子

很久很久以前，有位阿哥與他的祖母相依為命。有一天，阿哥在上山時看到一條蛇正要吞下一隻青蛙，便立即出手殺蛇，救了青蛙一命。青蛙獲救後，欣喜若狂地跳走了。

過了四、五天，一個黃昏，這位阿哥與祖母正在吃晚飯，一位美麗的女孩突然登門拜訪，請求成為他們家的媳婦。正好阿哥也到了該成家的年紀，便答應她的請求，女孩就此成為他的妻子。

這位妻子十分能幹，無論什麼活兒都難不倒她。然而，有件怪事讓人摸不著頭緒——她從來不吃任何食物，而是到院子裡舔池塘裡的水，舔完後便精力充沛地投入工作。

有一天，妻子對阿哥說：「我知道這話有點不好開口，但今天是我父母的法事，能不能讓我請一天假？」阿哥爽快地答應了：「沒問題，你就去吧！」然而，阿哥對她的來歷始終感到好奇，於是偷偷跟在她後面一探究竟。

妻子一路走進山中，來到深山裡的一個大池塘。忽然，她一頭跳進池塘裡。阿哥這才恍然大悟：「原來她是一隻青蛙！」

池塘裡似乎正在準備進行法事。一隻大青蛙跳到池塘中央的一根木樁上，小青蛙們也緊隨在後，紛紛跳到周圍的木樁上。大青蛙開口「嘎唔、嘎唔」地領唱，像在誦經，小青蛙們也一同應和，合奏出「嘎唔、嘎唔」的聲音，整個像是一場莊嚴的法會。

阿哥覺得這一幕既滑稽又有趣，忍不住想捉弄他們一下。他拾起一塊大石頭，用力丟進池塘中央，「咚！」地激起巨大的水花，池中的青蛙們全都驚慌失措地跳回水裡。

第二天，妻子回家了。祖母問她：「法事進行得怎樣啊？」妻子回答：「本來一切都很順利，但正當大家熱烈誦經時，忽然從天而降一塊大石頭，嚇得大家不敢繼續，法事就這麼草草結束了。」祖母聽了感嘆道：「這還真是傷腦筋啊！」

沒多久，這位青蛙妻子便悄然離開，再也沒有回來了。

（新潟縣佐渡郡畑野村。丸山久子採集）

59 蛇的眼珠

很久很久以前，一位美麗的年輕女子每天都到近江國的三井寺參拜，並且總是在寺院附近的一家茶店休息。附近一家酒屋的少爺看見她之後心生愛慕，便請茶店的老婆婆幫忙向女子提親。

某天，當女子再次前來參拜，老婆婆將少爺的心意告訴了她。女子答道：「我有一個願望，要來這裡連續參拜一百天。如果他能等我完成這件事，我就願意成為他的妻子。」少爺自然滿心歡喜，事情就這麼敲定下來，婚禮日期也確定了。

到了婚禮那天，本來晴朗的天空忽然下起雨來，但雨很快就停了，女子帶著嫁妝如約過來。婚後，酒屋的生意突然興旺起來。不久，女子懷孕了，並向少爺的母親請求，想在倉庫裡養胎，母親欣然答應。不過，女子叮囑說：「臨產時，無論如何都不要偷看。」

到了分娩之際，女子在倉庫裡痛苦呻吟。少爺放心不下，忍不住打破承諾，偷偷從縫隙往裡面瞧，一瞧不得了，倉庫裡橫躺著一條巨大的蛇，正用舌頭舔著一個孩子。這一幕讓少爺驚得幾乎停止呼吸。

大蛇發現自己的真身被人看見，於是變回人形，從倉庫裡走出來，對少爺說：「既然你看見了我的真身，我就得離開，不能繼續留在這裡了。」她接著說：「我知道沒有我，孩子會因為沒奶吃而受苦。為了孩子，我願意挖出一顆眼珠讓孩子吸吮。如果有事要找我，就到湖邊呼喚我吧。」說完，女子便消失無蹤。

從此，孩子靠著那顆眼珠長大，從不挨餓。然而，某天領主聽說了這顆神奇眼珠的事，便奪走它來養育自己的孩子。另一方面，失去母親的眼珠後，孩子嚎啕大哭，少爺一籌莫展，忽然想起妻子臨走時的話，便前往湖邊呼喚她。過了一會，女子從湖中現身。

少爺將眼珠被奪走的事情告訴女子。女子嘆道：「既然如此，我再挖出另一顆眼珠給你吧。」她將剩下的一顆眼珠交給少爺後，說道：「現在我已失去雙眼，再也無法看到這個世界，也無法目睹孩子的成長。等孩子長大後，請讓他成為三井寺的敲鐘人，這樣，我就可以透過鐘聲辨識朝夕，平靜地度過餘生。」說完，再次消失於湖中。

孩子靠著母親留下的眼珠順利長大成人，並且如母親所願，成為三井寺的敲鐘人。

（福島縣平市。《磐城昔話集》岩崎敏夫）

60 老爺爺與金銀財寶

這是一個因無意中答應神祕聲音而成為大富翁的故事。

很久很久以前，某個村子住著兩位老爺爺，一位善良的好爺爺與一位自私的壞爺爺。有一天，好爺爺獨自在山裡工作，突然聽到不知從哪裡傳來的聲音：「接住吧！黏上吧！」由於聲音反覆不斷出現，好爺爺便順口回應：「來吧，要接就接！要黏就黏！」說時遲，那時快，從松樹林的兩邊飛來無數金銀財寶，堆滿了他的肩膀與背部。他將這些寶物帶回家，與老婆婆一起開心地欣賞著。

壞爺爺得知此事後，非常嫉妒，心想：「我也要這麼做，把寶物帶回來！」於是隔天，他模仿好爺爺走進山中，果然聽到左右山林傳來同樣的聲音：「接住吧！黏上吧！」壞爺爺立刻興奮地大聲回應：「來吧，要接就接！要黏就黏！」沒想到，這次從松樹上飛下來的不是金銀財寶，而是黏稠的松脂，重重地黏在他的肩膀與背上。

壞爺爺滿身狼狽地回到家，對老婆婆說：「老婆老婆，我回來啦！快快拿火過來，讓我看看這是什麼寶物！」老婆婆匆匆拿火靠近壞爺爺，結果火星碰到松脂後立刻燃燒，壞爺爺瞬間被烈火吞噬，嚴重燒傷。

（和歌山縣有田郡。《有田童話集》森口清一）

61 除夕的爐火

很久很久以前，有個鄉下地方住著一個貧窮的馬伕。眼看著明天就是新年了，他卻連一點工作都沒有，只能牽著空空的馬回家。

馬伕走到街邊的松樹林蔭時，發現一個全身髒兮兮的乞丐倒在地上，虛弱地呻吟著。他心想：「唉呀，竟然有人比我更可憐，怎麼能不救呢？」於是將乞丐小心翼翼地放在空馬鞍上，帶他回家。

回到家後，馬伕與妻子商量，決定在屋內的泥土地上鋪一張草蓆，讓乞丐躺下休息。雖然家裡一無所有，但他們仍生起地爐的火給乞丐取暖，就這樣勉強度過了年尾。

到了元旦清晨，太陽都高高升起了，那個乞丐依然沒有起來。馬伕走近輕輕呼喚，卻得不到任何回應。他摸了摸乞丐，覺得冰冷異常，頓時大吃一驚，然後掀開蓋在乞丐身上的草蓆一看，竟發現裡面不是乞丐，而是一塊巨大的黃金！

馬伕與妻子靠著這塊黃金一夕致富，過著富裕又幸福的生活，真是皆大歡喜。

（愛知縣南設樂郡。《旅行與傳說》第四卷第四期）

62 會說話的蟾蜍

很久很久以前，一位老爺爺經過一片草叢時，發現一隻蟾蜍就快要被蛇吞下了。老爺爺心生憐憫，救出蟾蜍並將他帶回家中。不料，這隻蟾蜍竟然開口說話，不但向老爺爺道謝，還建議他將自己帶到城裡，唱歌給人聽來賺錢。

第二天，老爺爺照蟾蜍的話做，把蟾蜍帶到城裡，一邊走一邊高聲喊道：「會說話的蟾蜍！會說話的蟾蜍！」吸引大批人群前來圍觀。老爺爺要蟾蜍唱歌時，蟾蜍果然應大家的要求唱起各種動聽的歌曲，大受歡迎，結果讓老爺爺意外賺了一大筆錢。

隔壁那個壞心眼的老爺爺知道這件事後，起了貪念，想要自己也賺一筆，於是硬從好爺爺那裡借走蟾蜍，照他的方式帶到城裡，讓蟾蜍唱歌。然而，不管壞爺爺怎麼逼迫，蟾蜍就是不肯開口，惹得圍觀的人大失所望而破口大罵。壞爺爺氣急敗壞，認為這都是蟾蜍的錯，憤而將他殺死。

好爺爺聽到消息後非常悲傷，向壞爺爺要了一半蟾蜍的肉，埋在自家門前。沒想到，那一晚，蟾蜍的肉化作一棵桂樹，快速生長，層層纏繞在好爺爺的房子周圍。隨後，樹上發出「叮噹叮噹」的聲音，彷彿金錢掉落般。第二天一早，好爺爺開門一看，發現整間房子都被金銀財寶塞滿了，金光閃閃，令人難以置信。

壞爺爺知道這件事情後，心生嫉妒，趕忙將剩下的蟾蜍肉埋在自家門前。果然，那一晚也長出桂樹，並且包圍了整個房子。他迫不及待地點燈外出查看，卻發現自己的房子周圍不是金銀財寶，而是滿地的牛糞！

（熊本縣天草郡。《鄉土研究》第五卷第四期）

63 斗笠地藏

很久很久以前，某個村莊住著一對心地非常善良的老公公與老婆婆。老公公每天編製斗笠拿到鎮上賣，以此維持生計。

過年的前一天，老公公像往常一樣去鎮上賣斗笠，但因為大家都在採辦年貨，沒人來買斗笠。無奈之下，他只能背著賣不出去的斗笠回家。途中，大雪紛飛，他看到田野裡的六尊石地藏菩薩被大雪覆蓋，濕漉漉地站在寒風中，看上去非常可憐。

老公公心生憐憫，於是將自己背著的六頂斗笠，一頂一頂地戴到六尊地藏菩薩的頭上，為他們遮風避雪。

老公公回家後，將事情的經過告訴老婆婆。兩人沒什麼事可做，便早早入睡了。

過了跨年的夜晚，天快亮時，老公公隱約聽見遠處傳來雪橇滑行的聲音，還伴隨著歌聲：

六尊地藏菩薩
戴上斗笠真高興
老公的家在哪裡？
老婆婆的家在哪裡？

歌聲與雪橇聲越來越近，老公公與老婆婆趕忙起身，朝聲音喊道：「這裡！這裡！」沒過多久，他們聽到重物落在門口的聲音，於是打開門一看，發現門前堆滿了袋子，裡面裝著各種珍貴的寶物，並可望見六尊地藏菩薩的身影正漸漸遠去。

（岩手縣江刺郡。《江刺郡昔話》佐佐木喜善）

64 錢的化身

很久很久以前，某個地方住著一對老公公與老婆婆。他們年復一年穿著打了補丁的衣服，辛苦地勞作，卻始終無法過上輕鬆的生活。雖說無法像村裡的大財主那樣富有，但他們也希望至少能過上像村裡某某人那樣衣食無憂的日子。

日子一天天過去，轉眼來到歲末。按照當地的習俗，每年新年一到，他們都會到神社參拜，祈求新年好運。老公公吃了過年蕎麥麵後，等著寺院的鐘聲響完，便穿上唯一像樣的衣服，搶先在別人之前趕往氏神的社殿參拜。他站在神明前面拍手祈求：「為什麼我每年都這樣虔誠參拜，卻總是沒辦法改變窮困的命運？請神明垂憐，來年賜給我們不必勞苦奔波也能果腹的福氣吧！」

忽然，神明的聲音傳來：「你說的有道理。今晚，你家門前會有一個隊伍經過，如果你能不睡覺地耐心等待，然後敲擊隊伍最前頭的東西，就可以獲得福氣。」老公公聽了以後欣喜若狂，連忙回家準備。

夜半時分，遠處傳來隱隱約約的聲音，隨著聲音越來越靠近，聽得出是嘈雜的馬蹄聲，然後看見一隊武士行列浩浩蕩蕩地走過來。走在最前頭的是一位身穿華麗禮服、腰佩金刀的武士，端坐在馬背上威風凜凜。老公公心想：「啊，就是他！我應該敲擊他！」但武士的氣勢過於威嚴，害得老公公心生畏懼，始終不敢上前，最後眼睜睜看著隊伍走遠。

接著，又有一隊武士行列緊隨而來。這次的武士同樣身著禮服，佩戴銀刀，騎著一匹白馬。老公公下定決心：「這次一定要敲擊他！」然而臨到頭，老公公仍舊害怕得動彈不得，只能目送隊伍離開。

正在懊惱之際，忽然聽見另一種聲音傳來，不是馬蹄聲，而是啪嗒啪嗒的腳步聲。老公公探頭一看，有個跛腳又只有一隻眼睛的僕役[14]，正一瘸一拐地走過來。老公公心中大喜：「這種傢伙我就不怕了！」於是毫不猶豫地衝上前，用力一敲，只聽見「叮叮噹噹」的響聲，那人便瞬間消失無蹤。

老公公叫老婆婆拿燈過來一看，發現地上只落下兩三枚銅錢。他失望地嘟囔著：「這些根本沒用！」老公公很不甘心，再次來到氏神面前抱怨。氏神回應道：「如果你敲擊第一個隊伍，就能獲得三千兩；敲擊第二個隊伍，也有一千兩的收穫。但你選擇了最後的殘破之物，當然只能得到兩三文錢。看來你們實在沒有福氣，還是打消變成富翁的奢想吧。」

（鳥取縣日野郡江尾村〔現今的江府町〕。池田弘子採集）

14 古代公家機關或寺院所雇用的僕人，也指江戶時代從事雜務的武士家僕。

65 不能看的房間

很久很久以前，有一位善良的老爺爺與一位壞心的老爺爺住在同一個村子裡。某天，善良的老爺爺到山上砍柴。當他拿著鋸子正在鋸一棵大樹，一位美麗的公主突然現身，對他說：「爺爺，爺爺，請不要砍這棵樹。如果你砍了它，我就沒地方住了。不如請你跟我到我的家中坐坐吧。」

於是，老爺爺跟著來到公主的家。一到門前，他便看到一條清澈的溪水緩緩流過，並且散發出酒香。老爺爺心想：「這真是個好地方啊！」

公主拿來一個盆子，舀起溪水，對老爺爺說：「請先洗洗腳再進屋吧。」

進了屋，公主端出美酒佳餚來款待老爺爺。飯後，公主笑著說：「爺爺，我帶你看看我的房間吧。」

她領著老爺爺逐一參觀了十二個房間，每個房間都象徵一年中的一個月份。正月的房間裝飾著松樹、竹子與新年飾物；二月的房間有梅花、桃花與櫻花盛開；三月的房間則擺滿了精緻的人形玩偶……一直到十二月的房間，景象各不相同，讓老爺爺目不暇給。

參觀過後，公主對老爺爺說：「爺爺，我要去鎮上買東西，這把鑰匙就交給你了。你可以隨意看看房間，但千萬不要打開二月的房間。」說完便離開了。

老爺爺信守承諾不去看二月的房間，然後跑去溪邊舀了一些散發酒香的水，邊喝邊等待公主回來。

不久，公主回來了，對老爺爺說：「爺爺，沒帶什麼好東西回來，只有這把木杓子。只要在鍋裡加水，用這把杓子攪拌，念著『飯煮好，飯煮好』，不只是米飯，連味噌湯、魚湯都能煮出來，想要什麼就會有什麼。這樣你和婆婆的生活也能過得輕鬆些了。」

說罷，公主將木杓子交給老爺爺，並叮囑他趕快回家，免得老婆婆擔心。

老爺爺回到家後，把事情的來龍去脈告訴了老婆婆，兩人立刻試了試木杓子的奇妙功效。他們煮出了一鍋香噴噴的飯與湯，吃得好開心。

這時，壞心腸的鄰居老婆婆來借火種。「借火種沒問題，但你先喝碗魚湯再說吧。」壞心老婆婆驚訝地問：「今天怎麼會有這麼豐盛的好料啊？」於是，善良的老爺爺便把他上山伐木，遇到公主並被帶去她家的奇遇一五一十地說出來。壞心腸的老婆婆回去後，便強迫她家的老爺爺也上山去，想要複製這段奇遇。

壞心老爺爺在山上按照善良老爺爺的做法砍樹，果然遇到了公主，被帶到公主的家中款待，並被交代不得進入二月的房間。但是，壞心老爺爺趁公主外出時偷偷打開了二月的房間。

房間裡竟有一隻巨大的老鷹盤踞著，發出「吼吼喔喔」的聲音，隨即展翅飛走。壞心老爺爺一眨眼便發現自己又回到了山上的那棵大樹下，一切都恢復了原樣。

（青森縣三戶郡五戶町。《誤會大了小姊姊》能田多代子）

66 老鼠的淨土

很久很久以前，某個山村裡住著一對感情深厚的老公公與老婆婆。老公公每天都到後山去砍柴，老婆婆則留在家中忙家事。有一天，與往常一樣，天還沒亮，老公公就腰間別著鐮刀，精神抖擻地朝後山出發了。

到了中午，老婆婆精心準備了老公公最愛的糰子，裝進便當盒裡帶去後山。當她走到一段山路上，不小心被石頭絆倒，摔了一跤。便當盒的盒蓋鬆開了，裡面的糰子滾了出來，咕嚕咕嚕地朝山坡下滾去。老婆婆顧不了全身疼痛，邊追邊喊：「糰子，等等！糰子，等等！」但無論怎麼追，她總是差那麼一步沒追上。

最後，糰子滾進了一個黑漆漆的洞穴裡。老婆婆仍不放棄，繼續追進洞裡，大喊：「糰子，等等！糰子，等等！」可是洞裡漆黑一片，怎麼也找不到糰子。正不知如何是好，洞穴深處傳來了一陣歡快的歌聲，伴隨著規律的聲響：「咚咚、咚咚咚、咚咚咚咚。」那聲音彷彿是在臼上搗米。

老婆婆提心吊膽地往裡面一瞧，發現許多大老鼠正在賣力地搗臼，還邊搗邊唱道：

老鼠的淨土啊，貓來不了！
世間是極樂，哈哈哈，哈哈哈！

老婆婆忍住笑，忽然學起野貓的叫聲：「喵嗚——！」

老鼠們頓時亂作一團，驚呼：「啊！是貓來了！快跑啊！」紛紛四散逃竄。等老婆婆走近一看，只見那裡留下了一座寶山：金光閃閃的臼、杵，還有許多珍貴的寶物。她欣喜若狂，把所有寶物打包好背回家。

當天傍晚，老公公從山上回來，夫妻倆將金臼拿出來試用。他們放進一粒米，用杵輕輕一搗，竟然立刻湧出滿滿一臼的米！憑著這些寶物，這對恩愛的老夫婦一夕致富，過著幸福的生活。

老夫婦的住家附近還有一對老夫婦，其中的老婆婆非常貪心，她看到老夫婦發財後羨慕得不得了，於是逼著自家老公公去山上幹活，自己則有樣學樣地準備好糰子，跑到那條山路去，然後，她在半路上故意將糰子滾下山坡，假裝追著喊：「糰子，等等！糰子，等等！」最後也跟著糰子進了那個洞穴。

貪心的老婆婆小心翼翼地潛入洞中，看到一群老鼠正與往日一樣搗臼，唱著：

老鼠的淨土啊，貓來不了！
世間是極樂，哈哈哈，哈哈哈！

貪心的老婆婆心想：「這下我也能拿到寶物了！」於是模仿貓叫聲：「喵嗚——！」

可是，老鼠們聽到後並沒有驚慌逃竄，反而全都怒氣沖沖地湊了過來，喊道：「就是上次那個貪心的老婆婆！快抓住她！」老鼠們一擁而上，把老婆婆的手腳按住，丟進臼裡，邊搗邊喊著：「搗啊搗啊，搗死她！」

（福岡縣企救郡。稿本《福岡縣昔話集》）

67 隱祕之里

這是一個流傳於我們喜界島的古老故事，據說是真實發生過的事。在志戶桶的天神泊海岸，有一塊巨大的岩石。過去，有一名男子每天都會帶著他的牛到那裡，把牛拴在岩石旁的樹上。有一天，他像往常一樣將牛拴好後，突然覺得非常睏，便在岩石邊沉沉睡去。

不知過了多久，男子醒來後睜開眼睛，眼前的景象讓他目瞪口呆——無數的螞蟻蜂擁而至，竟然把他那麼大的一頭牛拖倒，正在將牛拉進岩石上的一個洞穴中！「唉呀，這下可不得了！」男子急忙拚盡全力拉扯繩子，想把牛拉回來，但無論怎麼使勁都敵不過螞蟻的力量。最終，他和牛一起被螞蟻拉進了洞穴裡。

讓人訝異的是，裡頭竟然別有洞天。這裡是廣袤的原野，還有大片田地。男子驚呆之際，一名陌生男子走了過來，滿臉感激地對他說：「真是太感謝了！這塊地實在太硬了，一直無法耕作，多虧你的牛幫我們耕好了土地。」

男子驚愕不已，慌忙地說：「牛就送給你們吧，只求你們饒我一命！」陌生男子卻笑著說：「不必擔心，我們不會傷害你。相反的，為了感謝你，我們還要送給你很多金錢。」隨後又叮囑道：「但有一點，請你千萬不能把今天的事告訴任何人。如果你做得到，只要有需要，隨時可以來這裡拿錢。」

男子一下子就變成大富翁了。然而，人總是容易得意忘形，這名男子也不例外。當他已經不再為錢財發愁後，有一天喝醉酒，忍不住向朋友吹噓：「嘿，我可從來不缺錢，告訴你吧，之前我遇到一件奇妙的事……」

他的朋友雖然對金錢不感興趣，卻央求他帶自己去看看那個神奇的洞穴。男子最終答應了，兩人一同來到海岸的岩石旁。不過，當他們努力尋找那個洞口時，洞口已被封住，怎麼也打不開了。

不僅如此，從那以後，男子的財運也急轉直下，金錢逐漸花光，最後又過回了當初貧困的日子。

（鹿兒島縣大島郡喜界島。《喜界島昔話集》岩倉市郎）

68 糰子的淨土

很久很久以前，在某個地方住著一對老夫婦。有一天，剛好是春天的彼岸節，老公公與老婆婆正在製作彼岸糰子。不料，其中一顆糰子掉到地上，開始咕嚕咕嚕地往前滾。

「糰子啊糰子，你究竟要滾到哪裡去？」老公公一邊追逐一邊問道。糰子邊滾邊回答：「我要滾到地藏菩薩的洞穴去。」果然，糰子一路滾到了地藏菩薩的洞穴口，然後掉進洞裡。老公公也跟著進入了洞穴。

洞穴裡竟然十分寬敞，而且地藏菩薩就站在那裡。老公公終於抓住了糰子，心想這糰子已經沾滿泥土，於是吃下沾土的一半，乾淨的一半則恭敬地奉獻給地藏菩薩。

天色漸漸暗了下來，老公公準備回家，這時地藏菩薩說：「爬上我的膝蓋吧。」

老公公連忙推辭：「我怎麼能這麼不敬呢？」

地藏菩薩堅持：「不必猶豫，快爬上來。」老公公只好小心翼翼地爬到膝蓋上。

接著，地藏菩薩又說：「現在，爬上我的肩膀吧。」老公公再次婉拒，說這實在太過分了，但地藏菩薩還是強烈要求。無奈之下，老公公勉為其難地爬上了肩膀。最後，地藏菩薩說：「再爬到我的頭頂上吧！」老公公驚訝不已，但在地藏菩薩的一再催促下，最終爬上了他的頭頂。

地藏菩薩拿出一把扇子，遞給老公公並叮囑道：「等一下會有鬼怪前來聚集賭博，你看好合適的時機，用這把扇子輕輕拍打，模仿雞叫。」不久，大批鬼怪果然來到洞穴，開始無法無天地賭博。老公公按照地藏菩薩的指示，輕拍扇子並模仿雞叫：「咕咕咕——」鬼怪們以為天快亮了，嚇得慌忙逃竄，丟下了一大堆金銀財寶。

地藏菩薩將這些金銀財寶賞賜給老公公，於是老公公滿心歡喜地回到家中。老婆婆見老公公帶回滿滿的金銀財寶，興奮不已，兩人開心地數著財富。

隔壁的老婆婆知道後，驚訝地問：「你們家怎麼突然這麼有錢？」老公公心直口快，將整個經過一五一十地說了出來。隔壁老婆婆心生嫉妒，立刻回家告訴老伴，催促他也帶著糰子去地藏菩薩的洞穴。

他們故意將一顆糰子丟在地上，但糰子完全不滾動，於是他們用腳踢，硬把糰子踢進洞口，自己也跟著進去。兩人來到地藏菩薩面前，看到糰子滾得滿是泥土，便吃下乾淨的部分，將沾滿泥土的部分丟給地藏菩薩。

沒等地藏菩薩開口，他們便自行爬上膝蓋、肩膀，甚至頭頂，還毫不客氣地拿走了扇子。他們學著老公公的樣子，等鬼怪來了便拍打扇子模仿雞叫：「咕咕咕——」鬼怪們以為這麼快又天亮了而驚慌亂竄，其中一隻小鬼逃跑時被火爐的鉤子勾住了鼻子，痛得大喊：

喂！等等我啊，鬼兄弟們！

我的鼻子被鉤子勾住了，疼死我啦！

這時，貪心的老公公忍不住笑出聲來，鬼怪們聽到人類的聲音，開始四處搜查，然後在地藏菩薩的頭頂上找到了。老夫婦被鬼怪拖了下來，遭到一番痛打，只能狼狽逃回家，連一個銅板都沒拿到。

這個故事告訴我們：人不要過於貪心，也不要一味模仿別人的成功，否則只會自討苦吃。

（山形縣最上郡）

69 風神與孩子們

很久很久以前，一個秋日的午後，幾個孩子在村裡的寺院附近玩耍。這時，一個從未見過的陌生男子悠然出現，對孩子們說：「你們在這裡玩，可是什麼吃的都沒有吧？想不想去一個有很多栗子、柿子與梨子的地方玩？保證讓你們吃到飽，怎麼樣？」

孩子們興奮地回應：「真的嗎？我們想去！可是，你不會騙我們吧？」

「真的！我帶你們去。」

男子從身後伸出一條像尾巴般長長的東西，說道：「來，快爬上來，緊緊抓住。大家都坐好了嗎？」

「坐好了！」孩子們齊聲回答。

隨即，一陣強風呼嘯而起，男子帶著孩子們騰空飛向天際。不一會，他們降落在一片充滿栗子樹、柿子樹與梨子樹的地方。男子又吹起一陣風，將樹上的果實紛紛吹落。孩子們驚喜萬分，大快朵頤，玩得不亦樂乎。

到了傍晚，男子對孩子們說：「時間不早了，我得去其他地方。你們自己回家吧，別擔心。」說完，他又乘風而去，消失在天際。

天色漸漸暗下來，孩子們意識到自己迷路了，不禁放聲大哭。四周一片漆黑，這時遠處亮起了一點光，他們便朝著光亮走去。來到光源附近，一位身材豐滿的老婦人迎了出來。

「你們是從哪裡來的？」她問道。

「我們是被一個男人用長尾巴帶到這裡的，他還讓我們吃了很多栗子、柿子與梨子。可是他走掉了，我們找不到回家的路。」孩子們抽泣著說。

老婦人聽了，笑著說：「那個人是我那調皮的南風兒子，真是個任性的傢伙。我是風神，是他的母親。別擔心，我讓北風哥哥送你們回家吧。」

說罷，她把孩子們帶進屋裡，請他們吃白飯與豆腐湯，然後叫醒正在睡覺的北風：「喂，北風，快起來幫忙！」

北風醒來後，讓孩子們坐上他的尾巴，又吹起風，把他們安全送回了村莊。當時，村裡的人正因為孩子們沒回家而四處找得團團轉。看到孩子平安回來，村民們高興得手舞足蹈，歡慶不已。

（新潟縣古志郡山古志村。《很久很久以前的故事》第一集，水澤謙一）

70 兩顆瘤

很久很久以前，有個額頭上長著一顆大瘤的和尚，他遊歷諸國，來到一處偏僻的山村，但沒有人願意收留他，無奈之下，他只好在村邊的破舊佛堂借宿一晚。

深夜三更[15]時分，和尚聽見許多腳步聲，隨後一群天狗進入佛堂。他悄悄看去，原來天狗們聚集在這裡，準備飲酒作樂。和尚知道自己無法整夜躲著不被發現，即使害怕，依然鼓起勇氣，趁天狗們情緒高昂時，拿了一張草編的圓坐墊墊在屁股下，加入天狗們的舞蹈行列。

天狗們見和尚跳得有模有樣，感到十分有趣，直到天快亮時，天狗們準備離開便對和尚說：「你這個和尚真有趣，下次再來陪我們跳舞吧。但說好了，這是約定，不守約定可不行。我們先拿這個東西作抵押。」說罷，天狗竟然將和尚額頭上的大瘤摘了下來，帶走了！和尚失去那顆討厭的大瘤，感到無比輕鬆，於是歡天喜地地回到了家鄉。

鄰近的一位和尚也長著一模一樣的瘤，聽說這件事後，非常羨慕。

他仔細打聽整個過程，決定模仿前一位和尚，特地跑到那座佛堂去。

當晚，果然又有一群天狗前來聚會喝酒。這位和尚如法炮製，將圓坐墊綁在腰上，跑去和天狗們跳舞。天狗們見狀，驚喜地說：「喲，和尚！你居然遵守約定來了，真不簡單，辛苦了！既然如此，我們就把你抵押的東西還給你吧！」

說著，他們將某樣東西砸向和尚的臉。和尚只覺得一陣劇痛，等回過神來，發現自己的瘤不僅沒被拿走，反而在原來的瘤旁邊又多了一顆新的瘤！

從此，這位和尚因為模仿別人而後悔不已，終生記取教訓。

（《醒睡笑》）

15 將一整夜分為五等分的第三個時段。時段的長短依季節而不同，按現代時間計算，大約是晚間十時或十一時至凌晨零時半或零時五十分。

71 撒灰老爺爺

很久很久以前，奧州某處有個村子，村中住著兩位老爺爺，分別是善良的老爺爺與貪婪的老爺爺。某一天，兩位老爺爺在同一晚於河中布下魚籠捕魚。翌日清晨，貪婪老爺爺早早前去查看自己的魚籠，發現籠中僅有一隻小狗，而善良老爺爺的魚籠中卻捕滿了魚。貪婪老爺爺竟起了歹念，將善良老爺爺魚籠裡的魚全都搬至自己的魚籠中，並把小狗丟進善良老爺爺的魚籠後，若無其事地離開了。

善良老爺爺稍晚前來查看，發現魚籠裡有一隻可愛的小狗正在輕輕吠叫。他覺得很稀奇，便將小狗抱回家養了起來。小狗每天吃多少飯就長多大，原本用碗裝飯，後來變成用缽裝飯，越長越大。不久後，當老爺爺上山，小狗已經長大到能夠幫忙背工具，跟隨在老爺爺身後。

有一天，小狗在山上教善良老爺爺如何獵鹿。老爺爺按照小狗的指示大喊：「這邊的野鹿快來啊，那邊的野鹿也快來啊！」不久，四面八方的野鹿應聲而至，小狗便一一撲上去咬死他們，然後背回家。老爺爺與老婆婆把野鹿煮成鹿湯，吃得非常滿足。

貪婪老爺爺的老婆婆知道這件事後，趕過來請求借用小狗，希望也能獵到野鹿。善良老爺爺勉強答應請求，將小狗借給他們。

隔天，貪婪老爺爺帶著小狗上山。他完全不理小狗的意願，將鋤頭、鐮刀等各種工具胡亂地全都堆在小狗背上，還不停催促小狗快走。到了山中，他卻把「野鹿」說成「蜜蜂」，高聲喊道：「這邊的蜜蜂快來啊，那邊的蜜蜂也快來啊！」話音剛落，山裡的蜂群全都飛來，狠狠螫了貪婪的老爺爺。老爺爺疼痛難耐，怒氣全撒在小狗身上，一氣之下將他打死，埋在一棵米樹下。

善良老爺爺發現小狗遲遲未歸，便上門詢問。貪婪老爺爺憤怒地說：「那隻狗害得我被蜜蜂螫得這麼慘，我一氣之下殺了他，埋在米樹下面了。」善良老爺爺聽了心痛不已，回到山裡砍下那棵米樹，做成一個碾臼。

老爺爺與老婆婆一邊推著碾臼，一邊唱道：

老爺爺面前降下金！
老婆婆面前降下米！

歌聲伴隨碾臼的轉動，老爺爺面前竟然降下金子，老婆婆面前則降下了米。善良老爺爺與老婆婆因此成為富翁，穿好衣，吃白飯，生活美滿。

消息傳到貪婪老婆婆耳中，她又來到善良老爺爺家，滿腹狐疑地問：「你們怎麼能突然弄出這麼多好東西的？」善良老婆婆微笑著回答：「這些呀，是你們家那個老爺爺把狗殺了埋在山裡後，我們去那座山砍下那棵米樹，做成了這個碾臼。用這個碾臼一碾，金子與白米就源源不絕地冒出來了。」貪婪老婆婆聽到這話後更加貪婪了，立刻開口：「那就把碾臼借我們用用吧！」說完便把碾臼帶回家了。

貪婪老爺爺與老婆婆拚命推動碾臼，卻不記得關鍵的碾臼歌詞，結果亂七八糟地唱了起來：

老爺爺面前降下糞！

老婆婆面前降下屎！

正如他們唱的歌詞那樣，家中開始湧入又臭又髒的東西，源源不斷，幾乎將整個屋子填滿。老爺爺與老婆婆又氣又急，將這一切歸咎於碾臼，怒氣沖沖地拿起斧頭將碾臼劈成碎片，然後丟進爐灶裡，一把火燒得乾乾淨淨。

過了一段時間，善良老爺爺前來拿回那個碾臼。貪婪老爺爺滿臉不耐地說：「那個碾臼根本是個麻煩貨！弄得我們家到處都是髒東西，最後只好把他砍碎，扔進大灶裡燒掉了。」善良老爺爺聽了，平靜地說：「既然如此，那我就帶點臼灰回去吧。」於是拿出竹籠裝了一些臼灰帶走。

善良老爺爺將臼灰帶到田裡去。當他走到池塘附近，看見一群雁子正在水邊悠閒地徘徊，便將臼灰撒出去，口中唸道：

灰啊，飛進雁子眼裡！

灰啊，飛進雁子眼裡！

沒想到臼灰精準地飛進雁子的眼睛裡，雁子紛紛倒下死去。善良老爺爺撿起雁子帶回家，與老婆婆一起煮了一鍋雁肉湯，吃得津津有味。

這時，貪婪老婆婆又來串門子了。她好奇地問：「你們怎麼又在吃這麼好的東西啊？」善良老爺爺微笑著回答：「還不是你們把我那個碾臼燒掉，我就拿了一些臼灰撒向雁子，結果雁子一隻接一隻地掉下來，我才有這鍋美味的雁肉湯。」貪婪老婆婆聽了以後，心中又生起貪念，忙不迭地跟善良老爺爺要了些臼灰，並讓自己的老伴模仿他們的做法。

貪婪老婆婆挑了一個狂風大作的日子，催促老爺爺爬上屋頂，朝天空撒出臼灰。只是，他們又忘了關鍵的咒語，胡亂喊著：

灰啊，飛進老爺爺眼裡！

灰啊，飛進老爺爺眼裡！

結果，臼灰果然依照咒語的意思，直直飛進貪婪老爺爺的眼睛裡，讓他立刻雙眼失明。老爺爺痛得大聲慘叫，並從屋頂滾了下來。老婆婆在屋簷下正等著收拾掉落的雁子，看到有東西掉下來就以為是雁子，操起大槌狠狠一擊，結果打中了自己的老伴。

（岩手縣江刺郡。《江刺郡昔話》佐佐木喜善）

72 吞鳥爺爺

很久很久以前，有一位老爺爺獨自在山裡的田地工作。到了中午，他坐下吃著帶來的糯米糰子，吃了一部分之後，把剩下的塗在一棵樹枝上，然後就在樹下打盹。這時，一隻山雀飛了過來，停在樹枝上啄食糯米糰子，結果一不小心被糯米糰子的黏性黏住了腳。山雀拚命拍打翅膀掙扎，發出的聲響驚醒了正在午睡的老爺爺。

老爺爺看到這情景，心生不忍，決定幫山雀解困。他湊近山雀，想舔掉他腳上的糯米糰子，結果一不小心，山雀與糯米糰子一起滑進了老爺爺的嘴裡，被他直接吞進肚子裡！老爺爺嚇得目瞪口呆，感覺肚子裡的山雀還在活蹦亂跳。他用手輕輕摸著肚子，發現自己的肚臍眼裡露出一根小尾巴。仔細一看，原來是山雀的尾巴。

老爺爺慌忙拉了拉那根尾巴，竟然發出「吱吱噗喲噗喲果之御寶」這樣像是鳥叫般的放屁聲。回到家後，老爺爺把這件事告訴了老婆婆，還當場示範，拉了一下肚臍裡的尾巴，放屁聲果然再次響起。老婆婆笑得前仰後合，說道：「這太有趣了！你應該去見殿下，讓他也見識見識你這個本領！」

第二天，老爺爺帶著他的「絕技」來到殿下的府邸。當他準備砍下府邸後院的竹子，守衛走過來喝斥道：「你是什麼人，竟敢砍殿下的竹子！」老爺爺靈機一動，自信地說：「我是日本第一屁爺！」守衛聽了一愣：「什麼！日本第一屁爺？那你到殿下面前表演看看！」

於是，老爺爺被帶到殿下面前。他彎下腰，拉了一下肚臍裡的山雀尾巴，果然發出「吱吱噗喲噗喲果之御寶」的聲音。殿下與在場隨從都笑得合不攏嘴，拍手叫好。殿下非常滿意，賞賜了老爺爺許多財物。

老爺爺帶著滿滿的獎賞回家，從此過著幸福快樂的日子。

（長野縣。《信濃昔話集》牧內武司）

73 咬栗子的聲音

很久很久以前，有一位善良的老爺爺獨自上山撿柴。天快黑了，他在下山回家的路上，突然發現腳邊有幾顆栗子，於是撿起三顆帶在身上。可是，還沒走到家，天色便完全暗了下來。無奈之下，他在山腳下一間破舊的佛堂中過夜。

半夜時分，一陣騷動聲驚醒了老爺爺。他睜開眼睛，看見許多鬼怪聚集在佛堂裡，用鐵棒敲打地板，邊敲邊大喊：「黃金出來！白銀出來！」鬼怪的聲音與行為嚇得老爺爺瑟瑟發抖。他緊縮著身子，幾乎不敢呼吸。

就在這時候，老爺爺突然想起自己撿到的栗子，於是掏出一顆放進嘴裡，「喀嚓」一聲咬碎了。這聲音引起鬼怪的注意，他們互相對視，警惕地說：「剛剛是什麼聲音？」老爺爺見狀，又咬碎了第二顆栗子，發出一聲「喀嚓」。鬼怪更驚慌了，大喊：「不好了！這是房子倒塌的聲音，快逃命吧！」說完，鬼怪四散奔逃，消失得無影無蹤。

天亮後，老爺爺四處查看，發現地板上散落著大量的黃金和白銀。他高興極了，將寶物統統撿起來帶回家，從此過著富足的生活。

善良老爺爺的鄰居是一個貪心老爺爺。貪心老爺爺聽說這件事之後，嫉妒得不得了，決定模仿善良老爺爺。他上山撿了幾顆栗子，等到夜晚，躲在同一間寺院裡，期待也能獲得寶物。

果然，半夜時分，鬼怪再次聚集。他們又開始敲打地板，高聲吶喊。貪心老爺爺學著之前的做法，咬碎一顆栗子，發出「喀嚓」聲。然而，鬼怪卻停下來說：「昨天我們聽到這聲音，房子卻沒有倒塌，而且我們的寶物全被偷走了！一定是有人在搞鬼！」說著，開始翻遍整間寺院，尋找聲音的來源。

結果，貪心老爺爺被抓了個正著。鬼怪氣得大叫：「原來是你這個搗亂的傢伙！」把貪心老爺爺狠狠修理了一頓。

（埼玉縣川越市。《川越地方昔話集》鈴木棠三）

74 白麻糬地藏

很久很久以前，某個村莊住著一對老夫妻，他們膝下無子，每天勤奮耕作，靠種植小麥與粟米維生。

有一年，田裡的小麥與粟米都還沒成熟，就有一大群猴子跑到田裡啃食；而且不論怎麼趕，猴子總會再回來把田地弄得一團糟。老公公看不下去，終於想出一條妙計。

老公公先讓老婆婆做一些白麻糬，然後自己脫光衣服，將麻糬均勻地貼滿全身，裝成一尊地藏菩薩的模樣，站在田邊看守。猴子們又來了，看到地藏菩薩模樣的老公公後，紛紛討論：「地藏菩薩在守著田地，這樣太拘束了，咱們吃得不自在。不如把他搬到河對岸去吧！」於是，猴子們一起將老公公抬了起來，一邊唱著：「猴子可以漂流，地藏菩薩別漂流，唷啦桑唷啦桑！」一邊抬著他過河。

到了對岸，猴子們將老公公放下，發現他的身體有些傾斜。帶頭的猴子說：「地藏菩薩要倒了！快去拿千兩箱來支撐！」其他猴子趕忙從不知哪裡搬來一個千兩箱，放在老公公傾斜的一邊。老公公強忍笑意默不作聲，並讓身體倒向另一邊，於是猴子們又拿來另一個千兩箱支撐。猴子們忙完後，再次唱著歌過河去了。

老公公等猴子們走遠後，趕緊將兩個千兩箱搬回家，與老婆婆一起開心地慶祝。

這對老夫妻的隔壁住著另一對老夫妻。隔壁的老婆婆來借火種時，聽到這個老公公拿到千兩箱的事，羨慕不已，於是回家後，立刻做了白麻糬，然後逼自己家的老公公脫光衣服，全身貼滿白麻糬，裝成地藏菩薩的模樣站在田裡守候。

果然，猴子們又出現了，抬起這位老公公，而且跟上次一樣邊唱歌邊將老公公搬到河對岸。只不過，這個老公公實在忍不住，噗嗤一聲笑了出來。猴子們見狀氣得大罵：「原來是冒牌地藏！昨天就是你騙走了我們的兩個千兩箱！」然後集體撲上去，把老公公抓得滿身是血，狼狽不堪。

（秋田縣仙北郡角館町。《旅行與傳說》第十四卷第五期）

75 狼的眉毛

很久很久以前，有一個非常貧窮的男子，窮到連食物都沒有了。他絕望至極，心想：「這樣下去活著也沒意思，不如到山裡給狼吃掉算了。」於是朝山裡走去。

到了夜裡，果然有一隻狼出現。但是，狼看了男子一眼，並沒有撲上去。男子十分困惑，對狼說：「奇怪！為什麼你不吃掉我呢？」狼開口回答道：「我們狼並不是看到人就吃。就算你看起來是個人，但我們只吃那些外表像人，內心卻是畜生的人。像你這樣真正的人類，我們是不吃的。」

男子聽了狼的話，覺得非常不可思議，便問狼：「既然我們都是人，你怎麼樣分辨真正的人與那些假裝成人的畜生呢？」狼回答：「這很簡單，只要用這根眉毛就能分辨了。」說著，狼拔下一根自己的眉毛，遞給男子。

男子接過眉毛後，心想：「既然連狼都不吃我，那麼也只好去四國當行腳僧了。」於是踏上了四國遍路之旅。

有一天，男子路過一戶人家，想借宿一晚。那戶人家的老公公非常熱情，爽快答應了，但老婆婆卻滿臉不悅地走出來，拒絕讓他留宿。這時，男子想起了狼給他的眉毛，想要測試一下，便掏出眉毛對著眼睛一看，竟然看見老婆婆的身影變成了一頭牛！

男子驚嘆不已，心想：「果然狼說的沒錯。」於是，他將眉毛借給老公公，讓他也看看。結果，老公公透過眉毛一瞧，自己的妻子果然變成了一頭牛。

（奈良縣吉野郡大塔村。《吉野西奧民俗採訪錄》宮本常一）

76 狐狸的報恩

很久很久以前，有一位老公公，某天早晨起床後開始清掃庭院，發現院子角落裡有一顆豆子。他心想：「這麼好的豆子可不能浪費。」於是將豆子種在後院的田裡。過沒多久，豆子發芽，迅速長成一棵大樹，而且結滿了豆莢，雖然沒到八斗，但足足有一到兩斗那麼多。

某天，一隻狐狸來到了田裡，一口氣把所有豆子吃光了。老公公大為光火，怒斥道：「我辛辛苦苦種出來的豆子，竟然被你這隻可惡的狐狸偷吃掉了！真是可惡，看我今天不宰了你！」

狐狸聽後趕忙道歉，懇求說：「請你原諒我！為了贖罪，我願意幫你賺大錢。」老公公半信半疑，但最終還是答應了。狐狸說完，瞬間變成一匹非常優秀的小馬。

老公公將這匹馬牽到一戶富裕人家，以高價賣出，果然賺到一大筆錢。過了四、五天，那匹馬逃回來了，又變回狐狸，對老公公說：「這次我再為你變成一只精美的茶釜吧。」

狐狸變成一只非常精緻的茶釜，老公公將它帶到寺院，賣給喜歡茶道的和尚。和尚把茶釜放在爐子上燒水，茶釜卻發出「嗡嗡」的聲音。小和尚拿到河邊清洗茶釜時，茶釜突然說話了：「好痛好痛！小心點擦啊！」小和尚嚇壞了，連忙將茶釜拿回去告訴和尚。

和尚不信，心想：「哪有茶釜會說話的？」於是加大火力，繼續燒茶釜。狐狸忍無可忍，從茶釜裡鑽出來，喊道：「好燙啊，和尚！不燙死我了！」說完露出尾巴，逃之夭夭。

（青森縣北津輕郡五所川原町（現今的五所川原市）。

《津輕口碑集》內田邦彥）

77 木佛富翁

很久很久以前，有個窮苦的男子在富翁家裡當僕人。富翁家裡供奉著一尊金光閃閃的佛像，而僕人是個虔誠的信徒，總是心想：「如果有一天，我也能擁有這樣一尊佛像，可以讓我虔誠地供奉起來，那該有多好啊。」但他知道，像他這樣的身分，這個願望幾乎不可能實現。

有一天，僕人上山砍柴，發現一塊形狀剛好酷似佛像的木樁。他將木樁帶回家，供奉在自己的房間裡，並且每天供上三次飯菜，誠心禮拜。這樣的日子一過就是好幾年，富翁主人與其他僕人看在眼裡，都私下取笑他的行為。

由於這個僕人既誠實又勤奮，富翁認為：「這樣好的僕人，如果離開就太可惜了，我一定要設法留住他。」想了很久，終於想出了一個主意。他把僕人叫來，說：「聽說你供奉的木佛很靈驗，不如讓他跟我的金佛比試一場相撲吧！如果你的木佛輸了，你就得一輩子做我的僕人，如果我的金佛輸了，我就把整個家業都交給你，怎麼樣？」說罷，召集許多下人作見證，慎重地立下了這個約定。

僕人聽後大驚失色，回到自己的房間跪在木佛前，哭訴道：「我的佛祖啊，大事不好了！主人要讓您與金佛比試相撲，我肯定輸慘了啊！所以請您諒解，我現在就要背著您立刻逃離這裡！」

然而，木佛卻安慰他說：「不要慌張，我會出戰這場與金佛的比試，不用擔心。」

主人大聲喊道：「快，把那尊木佛拿過來！」僕人只得將粗糙的木佛小心翼翼地捧到客廳。主人也拿出珍貴的金佛。大批下人聚集過來圍觀。主人將兩尊佛像並排放好，莊重地宣布：「今天，我要讓這兩尊佛像比試一場相撲！」說罷，他揮起扇子。

令人意想不到的事情發生了——兩尊佛像竟開始晃動，逐漸靠近彼此，進而交手角力。這場奇異的比試持續了整整兩個時辰，雙方互推互擠，難分高下。

最初，圍觀的人們只是驚訝地看著，但漸漸地，下人們忍不住為木佛加油：「木佛，加油！別輸啊！」主人則臉色脹紅，聲嘶力竭地喊著：「金佛，別輸啊！您可是我們家最珍貴的寶物，怎麼能輸給一塊木頭！撐住啊！」然而，金佛開始全身冒汗，動作越來越遲緩，搖搖欲墜。主人見狀，滿頭大汗地狂喊：「金佛！撐住啊！這些年我們可是一直供奉著您，您怎麼能輸給這樣的木頭佛像呢！」但無論怎麼呼喊，金佛終究力不從心，一聲哀嚎後轟然倒地，再也無法起身。

木佛則趁勢將金佛推到一旁，端然坐上原本屬於金佛的佛壇。眾人目睹這神奇的一幕，全都虔誠地向木佛叩拜。依照約定，敗北的主人只能悻悻地撿起金佛，黯然離開家。從此，家業歸這名僕人所有，成為這個大戶人家的新主人。

離開家的富翁抱著金佛四處流浪，生活每況愈下，最後淪為乞丐。一日，他流落到一片空曠的原野，天色已晚，內心百感交集。他看著懷中的金佛，悲嘆道：「金佛啊金佛，您怎麼會輸給那塊木頭！就是因為您這沒出息的樣子，我才落得今天這般淒慘的地步！」

金佛輕輕歎息，回應道：「主人啊，這已經無法挽回了。那木佛雖然只是一塊木頭，但每天得到三次供奉，受到虔誠的信仰。而我，一年也不過在祭日或忌日時，才匆匆得到幾次供奉，這樣怎麼會有足夠的力量呢？更何況，你並不是真正地信仰我，你的不夠虔誠，才是我輸掉的原因啊。」這番話讓主人啞口無言，只能繼續抱著金佛，過著乞討為生的流浪生活。

（岩手縣上閉伊郡遠野〔現今的遠野市〕。《老媼夜譚》佐佐木喜善）

78 解語頭巾

很久很久以前，奧州的一個小村莊裡，住著一位貧窮但心地善良的老爺爺。他一直希望能夠向村裡的守護神稻荷大人獻上一些新鮮的魚，但由於家境貧困，這個願望始終無法實現。有一天，他親自去神社祈求，跪在神明面前說道：「稻荷大人，稻荷大人，請您聽我說。我實在是太窮了，連鮮魚都沒法獻給您。不如請您直接吃掉我吧！這是我唯一的請求，請您一定要答應。」

稻荷大人聽了，慈愛地說道：「老爺爺，別這麼擔心。我知道你的困難。既然如此，我就賜給你一點好運氣吧。這是一頂寶貴的頭巾，你戴上它以後，就能聽懂鳥獸的一切對話。」

說完，稻荷大人取出一條破舊的紅色頭巾遞給老爺爺。老爺爺接下後激動地說：「真是太感謝了！」然後小心翼翼地將頭巾放進懷裡。

老爺爺帶著滿心的喜悅，慢悠悠地沿著大路走去。途中，看到路旁有一棵大樹，於是坐在樹下稍作歇息，不知不覺間打起了盹，沉沉睡去。
這時，一隻烏鴉從海邊飛來，停在樹枝上休息。不久，另一隻烏鴉也從遠方飛來，停在同一棵樹上。老爺爺醒來後，心想：「稻荷大人給我一條頭巾，現在正是測試它的好機會！」於是悄悄戴上頭巾，果然，開始聽見樹上烏鴉的交談。
其中一隻烏鴉說：「好久不見！我剛從海邊飛過來，那裡景氣差，最近都捕不到魚，實在好慘，所以我才飛來這裡。你呢？你是從哪裡飛過來的？」另一隻烏鴉回答：「我啊，我是從阿拉見（這裡指和賀、稗貫地方）飛過來的。說到景氣差啊，哪裡都一樣啦。對了，最近人世間可有什麼奇聞趣事嗎？」
海邊的烏鴉說：「談不上奇聞，但我聽說海邊某個富翁的女兒病得很嚴重，這一切與他們家的倉庫有關。大約五、六年前，他們蓋了一座倉庫，就在蓋倉庫入口的屋頂時，不知怎麼地，有一條蛇爬上屋頂。不幸的是，這條蛇被壓在一塊木板下，還被釘子釘住了，至今依然動也動不了，變成半死不活的樣子。令人感動的是，一條雌蛇一直辛苦地搬運食物，細心地照顧著他。兩條蛇互相支持，共度難關。可是，這份積累已久的痛苦與牽掛，最後影響到富翁家中女兒的健康，害她久病纏身。」

烏鴉接著嘆息道：「如果不趕快拆下那個倉庫屋頂的木板，把蛇救出來，不但蛇會死掉，連那位女孩也性命難保。我雖然常常飛到那個屋頂上鳴叫示警，但人類實在太笨了，完全沒察覺到我的警告。」

另一隻烏鴉附和：「是啊，人類在這種事情上，笨得像是什麼都不知道一樣。」兩隻烏鴉感嘆了一番，最後說：「那麼，咱們下次再相會吧。」便分別朝西邊與東邊飛去。

老爺爺聽到這段對話後，決定趕快前往富翁家，拯救那位女孩與蛇的性命，只是他毫無準備，沒辦法就這麼跑去。他在四處晃來晃去時，撿到了一個破舊的木鉢，於是用紙糊好，戴在頭上，化身為占卜師，然後來到富豪家門前，大聲吆喝：「卜卦！卜卦！」富翁一家正為女兒的宿疾束手無策，連忙請老爺爺進屋內占卜一番。

老爺爺進到屋裡，問道：「要占卜什麼呢？」家裡的人回答：「其實，我家小姐病得很重，眼看是撐不過今天或明天了。請您占卜看看，該怎麼做才能讓她好起來呢？」

老爺爺說：「那就請你帶我去看看病人吧。」他來到小姐的床邊坐下，反覆吟誦「爬了二十里（大約八十公里）的葛葉，爬了二十里」之後，詳細說出先前從烏鴉那裡聽來的事情。

富翁一家聽了以後恍然大悟，想起五、六年前確實蓋過一間倉庫，於是立刻請來附近的木匠拆開倉庫的屋頂板，果然發現一條被釘子釘住的蛇，已經半腐爛且發白了。眾人驚呼：「原來是這條蛇！」小心翼翼地將蛇從屋頂取下來，放進竹簍裡，然後放在水槽前餵食，悉心照料。經過一段時間，蛇恢復了活力，他們便將牠放生。

奇妙的是，隨著蛇日漸恢復體力，小姐的病也像揭開薄紙般[16]，一天天痊癒，最後完全康復了。富翁一家喜出望外，送上三百兩黃金作為酬謝。老爺爺一下子成了有錢人，回到家後，立即重建當地的氏神的神宮，舉辦一場前所未有的盛大祭典，並且經常購買鮮魚來供奉神明。

後來，老爺爺穿上華麗的衣服，又展開了新的旅程。有一天，他在大樹下休息，西邊與東邊各飛來一隻烏鴉，停在樹枝上閒話家常。

16 編註：一層層揭開薄紙需要細膩的耐心，此有逐漸緩進之意。

其中一隻烏鴉說：「老待在同一個小鎮，實在好無聊啊。」另一隻則附和道：「是啊，但我之前待過的那個小鎮，可是發生了一件新鮮事呢！有個富翁得了重病，命在旦夕。這一切都源於五、六年前他們在蓋偏廳時，砍倒了庭院中的一棵老楠樹，樹樁正好暴露在偏廳的屋簷下，日復一日被雨水沖刷著。因為樹根還沒完全枯死，它還會努力長出新芽，可是啊，只要一冒出新芽就會被砍掉，一冒出就被砍掉，想死死不了，想活又活不成，這份怨念便纏上了這個富翁，害得他重病不起。」

烏鴉接著說：「更糟糕的是，那些分散在各個山上的老樹朋友們每晚都來探望這棵樹，這樣下去，真是勞師動眾啊！如果能讓這樹要麼好好生存，要麼澈底挖掉，事情就能解決了。」

老爺爺聽到這番話後，立刻動身前往那個小鎮。富翁的家人懇求道：「請您幫忙占卜看看，該怎麼做才能挽救我們家老爺的性命。」老爺爺答應，並說：「這座宅邸應該有一間偏廳，是五、六年前建造的。今晚請讓我住在那裡。」

富翁家人驚訝不已：「算命先生，您怎麼知道這件事？」老爺爺笑說：「這也是占卜得知的，放心吧，明天我會把病因一一解開。在此之前，誰都不要進來。」

當晚，老爺爺守在偏廳，到了深夜，突然聽到沙沙沙的腳步聲，然後有個聲音問道：「楠樹啊，你還好嗎？」另一個聲音，彷彿從泥土裡面發出來，微弱地回答：「你是六角牛山的椰木嗎？謝謝你每次都大老遠跑來看我。我已經痛苦到想要早死早解脫了，但就是無法如願。」椰木安慰道：「你多保重，別太灰心啊。」說完便離開了。

過了一會兒，忽然傳來咻咻咻的聲響，似乎有什麼東西靠近。然後有個聲音問道：「楠樹老兄，你最近可好？」楠樹以微弱且彷彿從地底傳來的聲音回應道：「你是早池峰山的匍匐松吧？我已經沒救了，但你們每天晚上都來看我，我實在過意不去啊。」匍匐松回答：「這不算什麼啦，你不用掛心。今晚我們剛好要去五葉山那邊遊覽，就順路過來看看你，不然我們一個在東邊、一個在北邊，平時很難碰得到面。我想等到春天來臨，一切就會好轉的，你千萬不要灰心啊，要耐心等待春天來臨喔。」說完，匍匐松們發出一陣像先前那樣的咻咻聲，然後離開了。

老爺爺戴著「解語頭巾」，將這段對話聽得一清二楚。次日清晨，他請人帶他到富翁的床邊，唸起那句「爬了二十里的葛葉，爬了二十里」的咒語，然後詳細說出昨晚聽到的樹木對話。他解釋道：「這不光是屋簷下楠樹的苦難，甚至連各處高山上的樹木也都因此承受了極大的痛苦，必須盡快將這棵楠樹的樹根挖出來才行。」

富翁家人依照老爺爺的指示，將楠樹的樹根挖出來，並當成樹神供奉在庭院，從此，富翁的病情便像剝去一層層薄紙般日漸痊癒。全家人欣喜若狂，再次送上三百兩作為酬謝。老爺爺帶著酬謝金回到家後，決定不再貪求，不再卜卦，過著安穩富足的生活。

（岩手縣上閉伊郡土淵村〔現今的遠野市〕。《老媼夜譚》佐佐木喜善）

79 黑鯛大明神

很久很久以前，有個魚販挑著魚，來在土佐國（今高知縣）深山中某個村莊販售。在寂靜的山路上，他偶然發現路旁樹林中有人設置陷阱，而且捕捉到了一隻山鳥。魚販很喜歡這隻山鳥，但又覺得直接拿走實在不妥。由於附近沒有人，他決定以自己的三尾黑鯛作為交換，悄悄留下黑鯛後，把山鳥帶回家。

後來，村民經過這裡，發現山中有黑鯛已是不可思議，而黑鯛竟還落入山鳥陷阱中，更讓人覺得事有蹊蹺。一番討論後，村民一致認為這是天神顯靈的啟示。於是，他們立刻蓋了一間小小的神社，將三尾黑鯛供奉起來，並尊稱為「黑鯛三所權現」。這件事迅速傳開，吸引四方信徒前來參拜，香火鼎盛。

直到後來，那個魚販再度造訪，親口說出山鳥與黑鯛的來龍去脈時，這間小神社早已成為一座繁盛的聖地了。

（高知縣）

80 山神與孩子

很久很久以前，有一對母子相依為命，母親每日上山砍柴，勉強維持生活。孩子年滿十一、二歲時，他對母親說：「從前一直是您辛苦地養育我，從今天起，換我來為家裡出力，請您留在家中休息吧。」從那天開始，孩子每天上山幹活，母親則欣慰地為他準備便當。

有一天，孩子像往常一樣，先把便當綁在樹枝上，然後爬到樹上摘取枯枝。這時，一位滿頭白髮的老公公來到樹下，望著樹上的孩子，然後把綁在樹上的便當拿下來吃。孩子抱著滿懷的枯枝從樹上爬下來，微笑地對老公公說：「這是我母親做的便當，很好吃吧？」老公公回答：「很好吃，謝謝你啊。年紀大了，肚子總是餓得很難受呢。」

孩子回到家，將這件事告訴了母親。母親聽了欣慰地說：「你做得很好！明天我做兩個便當，一個給你，一個給老公公吧。」第二天早晨，母親做好兩個便當，交給孩子帶上山。

那天，孩子照常工作時，老公公又出現了，還吃掉了一個便當。

孩子從樹上下來後，對老公公說：「今天我母親特地做了兩個便當，如果您沒吃飽，另一個便當也可以給您吃。」老公公笑著點頭，接過便當，把兩個便當全都吃光光。

第三天，孩子只帶了一個便當上山。因為母親要出門，孩子得早點回家，所以這次只帶了給老公公的份。老公公出現後，叫住正準備爬到樹上的孩子，說：「等等，我有件事要告訴你。」

老公公接著說：「其實，我是山中的神明。接下來，我要告訴你一件很重要的事，請你仔細聽，並且照著去做。你應該前往一個叫做天竺的地方，那裡有一座非常宏偉的寺院，去那裡參拜吧。在路上，如果有人向你提出請求，你一定要答應幫助他們。」話一說完，老公公的身影瞬間消失，變成一棵高大雄偉的櫟樹。

孩子將遇到的事告訴母親之後，母親十分高興，也支持他前往天竺。可出發前，他們手頭拮据，連路上的糧食都準備不了。於是，孩子去附近富翁家借米和味噌。富翁詢問目的，孩子如實相告，說要去天竺參拜寺院。富翁聽後說：「這真是太好了！那麼，我也有個請求。

我女兒自三年前生病以來，一直沒有康復，如今還虛弱得無法正常生活。請你幫忙祈求她早日恢復健康吧。」孩子答應，借到了米與味噌，便踏上了前往天竺的旅程。

途中夜幕降臨，孩子在一間氣派的宅邸借宿。屋主問他要去哪裡，孩子又如實說明自己的目的。屋主一聽，驚喜地說：「這可真巧！我家靠種植一種叫『三段花』的花維生，但最近第一棵與第二棵花木都枯萎了，只剩下第三棵還能開花，讓我們很是困擾。能否請你在天竺為我們祈願，讓那些枯萎的花木重新開花好嗎？」孩子再次欣然答應。

翌日清晨，屋主為孩子準備了便當。臨行前，屋主提醒他：「接下來的路上有條大河，沒有橋，必須想辦法渡過。」當孩子走到河邊，果然見到一條又寬又深的大河，不禁發起愁來。這時候，對岸出現了一個臉腫得幾乎分不清五官的醜陋女子。孩子大聲喊道：「喂！喂！這要怎麼樣過河啊？」

沒想到那女子輕輕一跳，便穿過河水來到孩子面前。她問孩子要去哪裡，孩子將要去天竺的事與沿途的請求都說了出來。女子說：「其實，我不是凡人，我已經在人間、海上、河中各活了一千年。我本想飛到天界，但不知道該怎麼做才好，於是困在這裡，變成這副模樣。能否請你到天竺問問神，我要怎麼做才能昇天？」

孩子答應了她的請求。女子隨即將孩子放在自己的頭上，輕輕一跳，便帶他安全渡過大河。孩子站在對岸遠望，隱約能看到遠處有座宏偉的寺院，於是滿心歡喜地朝寺院跑去。

到了寺院，孩子驚訝地發現，先前山中遇到的老公公正站在那裡。老公公笑著問他：「你花了幾天才到這裡？」孩子答道：「只在途中借宿一晚。」老公公又問：「路上有人向你提出請求嗎？」孩子先講了附近富翁家女兒的事。老公公聽後說：「哦，是這樣啊。解決這問題很簡單，只需要把富翁家的所有傭人與鄰近的男人都召集起來，讓他們一個一個向女兒敬酒，看誰能讓女兒接受敬酒，就把家產分給那個人。這麼一來，女兒的病就會立刻痊癒。」

接著，孩子提起了三段花的事。老公公解釋道：「那是因為他們的祖先在樹根下埋了兩個金壺，而他們卻不知道，所以祖先故意讓花枯萎來引起他們的注意。如果挖出金壺，一個給你，一個留在那戶人家，那麼第一棵與第二棵花木就會立刻恢復生機。」

隨後，老公公問：「還有其他人向你提出請求嗎？」孩子便提起那位醜陋女子的事。老公公說：「如果再見到她，告訴她，只要她願意把自己長久以來貪心藏著的『仁珠之玉』中的一顆交給人類，她就能隨時升上天界。」

最後，老公公問：「你收到的請求就只有這些嗎？」孩子答：「是的，只有這些。」話音剛落，老公公再次化為一棵高大的櫟樹，靜靜矗立在原地。

於是，孩子折返回到大河邊，那位醜陋的女子已經等在那裡，迫不及待地詢問結果。孩子說：「先讓我過河吧，等過去了再告訴你。」女子和之前一樣，將孩子放在頭上，輕輕鬆鬆過河。

過河後，孩子對她說：「你手上有兩顆寶玉吧？別再貪心地一直藏著了，給我一顆吧，這樣你就能立刻升天。」女子聽後回答：「好吧。」隨即將其中一顆寶玉遞給了孩子。就在那瞬間，遠方傳來巨大的轟鳴聲，四周頓時被濃霧籠罩。孩子驚恐不已，拔腿狂奔逃離現場。當他跑到安全的地方後，回頭望去，只見濃霧漸漸散去，一根水柱直衝天際，那位女子乘著這股水柱升上天空了。

孩子把女子給的寶玉收進懷裡，繼續前行，然後來到三段花的主人家。他按照天竺老公公的指示告訴主人，主人立刻開始挖掘樹根。果然，從樹根下挖出兩個金壺。主人將其中一個送給了孩子，瞬間，枯萎的第一棵與第二棵花木開始冒出新芽。孩子帶著金壺喜滋滋地告別主人，前往鄰居富翁的家。

孩子向富翁轉述了天竺老公公的話。富翁立即召集所有傭人與附近所有的男子，讓他們一個一個向女兒敬酒。然而，女兒毫無反應，直到剩下從天竺回來的孩子還沒敬酒。富翁提議：「你也是個男子，請你也試試看吧！」孩子走到女兒面前，這時女兒立刻端起酒杯遞了過來，等於是接受了孩子的敬酒，但孩子遲遲不肯接下酒杯。

富翁勸道：「這是神的旨意，請你接下酒杯吧。」在富翁的再三懇求下，孩子終於接過了酒杯。就在這一瞬間，女兒的病竟然奇蹟般痊癒了，還當場起身翩翩起舞。

後來，孩子帶著母親搬進了富翁家，成為富翁的女婿，從此過著幸福美滿的生活。

（鹿兒島縣大島郡沖永良部島。《沖永良部昔話集》岩倉市郎）

81 三兄弟的成功故事

很久很久以前，有一對夫婦育有三個兒子。某天，三兄弟一起到田裡工作。父親晚些跟過去查看，發現他們在中午前幾乎都頭也不抬起地努力耕田，但午飯過後，大哥便藉口去上廁所，然後拿著一把小弓箭射青蠅。後來，三兄弟玩心大起，一會高喊：「我射中翅膀了！」一會高喊：「我射中頭了！」一直射到夕陽西下才回家。

父親見狀十分生氣，斥責道：「這麼懶惰的人不能待在家裡！」趕三兄弟出去。三人只好無奈離開家。

一路走到一條分岔路，三人商量後決定各走一條：大哥走上路，二哥走中路，小弟則選下路。他們約定若干年後的某月某日再回到此地相會，便各自上路去了。

大哥沿著上路行走，看到一群木匠正在蓋房子。他默默觀看，直到其中一人問他：「要不要當木工學徒啊？」大哥便拜師學起了木工。

二哥沿中路前行，遇到一群人在練習射箭，便加入了他們，成為弓箭師的弟子。

小弟走下路時，碰上一群人在學偷竊。他也拜師學藝，掌握了精湛的偷盜技巧。

到了約定的日子，三兄弟分別向師父請假，回到當初的分岔路。大哥最先到，接著是二哥，最後是小弟。

大哥與二哥談起各自的學習成果，大哥自豪地說：「我學了木工！」二哥則說：「我學了射箭！」兩人笑著說：「看來我們都能靠自己的技藝吃飯。」接著問小弟：「你學了什麼？」小弟支支吾吾不肯直說，兩人猜測他是不是學了偷東西，便嘲笑道：「這樣可吃不了飯啊！」

小弟不慌不忙地問：「你們身上有錢袋嗎？」話還沒說完，便迅速偷走哥哥們的錢袋，然後說：「你們把錢袋拿出來看看吧。」大哥與二哥翻遍全身，卻怎麼也找不到。這時，小弟從袖中掏出兩個錢袋，笑著展示給他們看。兩人這才服氣：「原來你這技術也能吃飯！」

三兄弟回家以後，聽說國王的獨生女被鬼怪抓走，無人能救。國王發出公告：「若有人能救回公主，將賜予豐厚獎賞。」

三兄弟一聽，決定一試。他們說：「現在是我們大展身手的時候了，三人合作一定能成功！」於是，他們一起前往鬼怪居住的地方。

到了鬼怪的巢穴，鬼怪正讓公主為他抓頭蝨，自己則躺著睡午覺。小弟對大哥說：「快用木工手藝做個跟公主一模一樣的人偶！」大哥迅速完成了人偶。小弟趁鬼怪不注意，用人偶替換公主，然後三人帶著公主急忙乘船逃跑。

鬼怪醒來後，發現待在身邊的竟是一個木頭人偶，氣得將人偶咬碎。接著，他看見遠處海上有一艘船，便立刻投擲巨錨把船勾住，將船往岸邊拉過來。

船快被拉到岸邊時，小弟喊道：「二哥，現在是你發揮長才的時候了，快射箭！」二哥屏息凝神，將所有力氣集中在一箭，射中了鬼怪的喉嚨，鬼怪當場斃命。

三兄弟順利救回公主，國王感激萬分，賞賜了大量的金銀財寶。從此，他們過著幸福快樂的生活。

（鹿兒島縣薩摩郡甑島。《甑島昔話集》岩倉市郎）

82 持槍的星星

很久很久以前，有戶富裕人家的七個兒子，與鄰近一個窮人家的孩子一起到私塾上課學習。

有一天，私塾老師說：「我們要到河邊玩賽船，每個人都帶艘船來吧！」富人家的孩子家境優渥，便請工匠打造精美的木船；而窮人家的孩子沒錢造船，只能一個人偷偷哭泣。

這時，一名修行者經過，看見孩子難過的模樣上前問明緣由後，對他說：「你去找一塊木板與一些黏土來。」孩子依照指示準備好材料後，修行者用木板為他做了一艘簡單的船，又用黏土捏了一個掌舵的人偶。孩子看到這艘粗陋的船，心裡暗自嘆息：「這樣的船怎麼可能比得上富人家的？」

隔天，孩子們將船帶到私塾展示。富人家的孩子看到窮人家的小木船與黏土人，忍不住大聲取笑。不過，當所有人把船放進河裡，奇蹟發生了！那艘粗糙的船居然動了起來，而且黏土人偶就像真的在掌舵般，不但沒讓船沉沒，速度還比富人家的船跑得快！窮人家的孩子見狀，興奮得手舞足蹈。

這次比賽，富人家的孩子輸了，心裡十分不服氣，暗暗盤算著找機會報復。過了一陣子，私塾老師又出了一道題目：「每人帶一把畫有烏鴉的扇子來吧。」

富人家的孩子馬上買來華麗的扇子，請畫師畫上精緻的烏鴉。窮人家的孩子回到家後，只能愁眉苦臉地發愁。就在這時，那名修行者再次出現。他拿起一把破舊的扇子，修補後畫上一隻簡單的雞。

第二天，孩子們帶著扇子來到私塾。當窮人家的孩子打開他的扇子，奇蹟再度降臨——那隻畫上去的雞竟然叫了起來！「咯咯咯！」老師聽見後，驚訝得目瞪口呆，說：「如果再叫一次，那就是寶藏之鳥了！」話音剛落，雞又叫了一聲。結果，富人家的孩子再次輸慘了。

接連兩次落敗讓富人家的孩子們羞憤不已，最終忍無可忍，竟拿著長槍追趕窮人家的孩子。這時，私塾老師與眾人出面阻止，混亂中，所有人都化作了夜空中的星星。

據說，現在這片地方（香川縣佐柳島）夜空中的「七星」，就是富人家的七個孩子，而那顆「子星」則是窮人家的孩子。至於「老師星」則位於兩者之間，守護著他們。而在七星的最前方，有一顆星看似持著長槍，那正是當時富家孩子憤怒追趕的模樣，永遠留在了星空中。

（香川縣仲多度郡佐柳島。《讚岐佐柳島・志志島昔話集》武田明）

83 為什麼海水是鹹的？

很久很久以前，有個地方住著一對兄弟。哥哥是個富翁，而弟弟則非常窮困。年關將至，弟弟連準備迎接新年的東西都沒有，於是到哥哥家借了一升米。不過，哥哥不但不借，還說了許多刻薄的話，把弟弟趕了出來。

無可奈何的弟弟失落地沿著山路回家。途中，他遇到一位滿臉白鬍子的老公公正在砍柴。老公公問他：「你這麼晚了要去哪裡啊？」弟弟回答：「今晚是除夕夜，但我連供奉歲神的米都沒有，實在不知道該怎麼辦，只能像這樣隨便亂走。」老公公聽了，點點頭說：「確實很傷腦筋啊。我看這個給你吧。」他遞給弟弟一個小小的包子，並告訴他：「帶著這個包子到前面森林裡的寺院去看看。寺院後面有個洞穴，裡面住著許多小矮人。他們看到你的包子後，一定會想要。記住，不要去換金銀財寶，要換一個石頭做的磨臼。拿到那個磨臼後，你的人生就會改變了。」

弟弟依照指示來到森林裡的寺院，果然在寺院後面發現一個洞穴，裡面有許多小矮人嘰嘰喳喳地喧鬧著。原來，他們正在努力搬運一根細草，但不得要領而搞得人仰馬翻、東倒西歪。弟弟見狀笑了笑，輕輕捏起那根細草替他們搬走。就在這時，他腳下傳來微弱的聲音：「救命啊！救命啊！」低頭一看，原來有個小矮人夾在他木屐的木齒中間，他立刻小心翼翼地將小矮人救了出來。

小矮人們十分感激，看到弟弟手上的包子，更是迫不及待地想要。他們提議用黃金換包子，但弟弟記得老公公的話，堅持只願意換一個石製的磨臼。小矮人雖然捨不得，還是把磨臼交給了他，說道：「這個磨臼是我們的寶物。只要向右轉，它就能製造出任何你想要的東西；向左轉就會停止。」

弟弟帶著磨臼回家，妻子正在家裡等得不耐煩，連忙問：「怎麼這麼晚才回來？借到米了嗎？」弟弟笑著說：「別急，先把蓆子鋪好。」他把磨臼放在蓆子上，唸著：「出米吧，出米吧！」隨即右轉磨臼，奇蹟發生了，米像流水一樣湧出來。不僅如此，他又讓磨臼製造出鮭魚、鹽漬魚，以及各種生活所需的物品。一家人終於享用了一頓豐盛的年夜飯。

第二天正月初一的早上，弟弟滿心歡喜地對自己說：「如今我已成為一夕致富的富翁，還住在這種借來的破舊房子裡可真是沒意思，我得趕緊蓋一間新房子。」於是，他轉動神奇的磨臼，瞬間變出一棟氣派的宅邸，以及一間大約長三十尺、寬十八尺的土倉。接著，他又造出長屋、馬廄，甚至還召喚出七匹健壯的馬匹。

完成這些後，他又開始準備盛大的慶祝宴會，轉動磨臼讓麻糬與美酒不斷湧出。他還邀請村裡所有的鄰居與親戚，大家都來參加這場前所未有的盛宴，就連昨天拒絕借米給他的哥哥也在受邀之列。村民驚訝不已，紛紛前來祝賀。哥哥則是滿腹狐疑，一邊吃著佳餚，一邊偷偷觀察弟弟的一舉一動。

宴會結束時，弟弟打算給客人準備些糕點作為伴手禮。他悄悄走到角落，轉動磨臼，輕聲唸道：「出點心吧，出點心吧。」這一幕正巧被躲在暗處的哥哥看見了。「啊哈！原來這個石磨就是弟弟致富的祕密！」哥哥暗自竊喜。

當晚，等所有客人離開，弟弟夫婦熟睡後，哥哥偷偷潛入弟弟的家，悄無聲息地從角落偷走那個石磨，順手還拿了些麻糬與糕點。接著，他迅速跑到海邊，正巧發現一艘小船，於是把石磨與偷來的點心裝上船，鬆開繩索，划向茫茫大海，打算划到某個島上，然後靠這個寶物成為富翁。

然而，船上雖然裝滿了點心，卻沒有一點鹹味的食物。於是哥哥心想：「還是先磨些鹽巴吧。」他轉動石磨，大喊：「出鹽吧，出鹽吧！」果然，鹽巴源源不斷地湧出，瞬間填滿了船隻。但是哥哥並不知道怎麼讓石磨停止，他不會向左轉，鹽巴越來越多，船也越來越重。最後小船不堪負荷，連同哥哥與石磨一起沉入了海底。

從那以後，石磨便一直留在海底，不斷磨出鹽巴，讓整片大海變得鹹味十足。這也正是為什麼海水很鹹的原因。

（岩手縣上閉伊郡。《老媼夜譚》佐佐木喜善）

84 麻糬樹

很久很久以前，有一對兄弟，哥哥是個有錢人，弟弟卻窮困潦倒；不過，哥哥的個性單純老實，弟弟卻聰明伶俐，心思縝密。某天，弟弟心生一計，想著：「要是能巧妙地捉弄哥哥一番，賺上一筆，那就好了。」於是想出一個計謀。

弟弟從山上找來一棵枝條茂盛的樹，回家後辛苦地搗了許多糯糬，然後將麻糬一個個黏在樹枝上，看起來彷彿這棵樹上結滿了麻糬。準備妥當後，他帶著這棵「麻糬樹」來到哥哥家，興奮地對哥哥說：「哥哥，你聽說過會結麻糬的樹嗎？這可是天下奇景啊！這棵樹結的麻糬不但可以摘來吃，還會不斷長出新的麻糬來，簡直是寶中之寶。要不要買下來試試看？」

哥哥見樹上果然掛滿了白白圓圓的麻糬，深信不疑，認為弟弟說的有道理，便付出一大筆錢，把這棵「麻糬樹」買下來。

可是，等哥哥把樹上的麻糬都摘下來吃完後，樹上並沒有長出新的麻糬。這時，哥哥才驚覺自己受騙了，氣得火冒三丈，立即跑到弟弟家質問道：「你這傢伙，竟敢騙我！這哪裡是會結麻糬的樹，根本是一棵再普通不過的樹嘛！」

弟弟卻不慌不忙地說：「哥哥，等等。你剛剛說，你把樹上的麻糬都摘下來吃完了？那你是先從哪一個麻糬開始吃的呢？」

哥哥回答：「當然是從最大的那個開始吃啊！」

弟弟聽了，一臉正經地說：「那就難怪了！那個最大的麻糬可是『母親麻糬』，是負責生出小麻糬的。如果你一開始就把它吃掉，這棵樹當然不會再結麻糬了呀。」

弟弟一派輕鬆，說得頭頭是道，讓哥哥啞口無言。

（長崎縣下縣郡仁位村〔現今的對馬市〕。《栗田爺爺說故事》鈴木棠三）

85 分別八十八

很久很久以前，奧州的某個村莊裡，住著六個名字都叫「八十八」的男子。為了分辨他們，村裡的人給他們取了不同的綽號：一個脾氣暴躁的叫做「外道八十八」，一個愛賭博的叫做「賭徒八十八」，一個務農為生的叫做「農夫八十八」，一個經營米店的叫做「米屋八十八」，一個專幹偷盜的叫做「盜賊八十八」，最後一個因為聰明伶俐、足智多謀，大家都叫他「分別八十八」。

有一天，外道八十八與賭徒八十八吵架，怒火中燒的外道八十八一時失手，竟把賭徒八十八打死，他嚇壞了，連忙去找分別八十八商量。

分別八十八聽後說：「你把屍體悄悄搬到農夫八十八田地的出水口旁邊，讓屍體蹲在田埂上。」

當天晚上，農夫八十八巡田時，看到出水口蹲著一個人，心想：「討厭的傢伙，又來偷水了！」他拿起棍子狠狠敲了一下，那人應聲倒下。仔細一看，居然是賭徒八十八的屍體。他嚇得不知所措，只能帶著禮物去請教分別八十八。

分別八十八說：「你把屍體放進一個空米袋，送到米屋八十八的倉庫前，放在最上層的米袋堆上。」

果然，到了第二天晚上，盜賊八十八來到米屋八十八的倉庫偷東西，偷走了放著屍體的米袋。他回家後打開袋子，發現裡面居然是賭徒八十八的屍體，頓時嚇得魂不附體。他也沒辦法，只好帶著禮物去向分別八十八求助。

分別八十八便說：「今天深夜，你去敲賭徒八十八家的門，裝作是他本人，說：『我回來了！快開門！』他的妻子一定會生氣地罵你，拒絕開門。到時候，你就把屍體丟進門口的井裡。」

盜賊八十八按照指示行事，半夜去敲賭徒八十八家的門，假聲假氣地說：「老婆，我回來了！快開門！」果然，屋內傳來妻子的怒吼：「幹麼回來！你這種人早點去死才好！」盜賊八十八趁機將屍體丟進井裡，匆匆離去。妻子聽到「咚」的一聲，連忙叫醒鄰居，請大家幫忙打撈井中的賭徒八十八，看到屍體後，她放聲大哭。

至於分別八十八，靠著替眾人出謀劃策，收了不少謝禮，成為唯一的贏家。

（岩手縣上閉伊郡土淵村〔現今的遠野市〕。《老媼夜譚》佐佐木喜善）

86 兩匹白布與仁田四郎

很久很久以前，有一年五月節快到了，一對婆媳正在整理五月人偶，卻為了人偶的身分起了口角。婆婆堅稱這是「田原藤太」，媳婦則斷言是「八幡太郎」。雙方都不肯讓步，吵得不可開交。最後，她們決定第二天一起去請和尚裁定，看看究竟誰說得對。

不過，當天夜裡，婆婆悄悄帶了一匹白布來到寺院，對和尚說：「請務必幫我贏得這場爭論，我會以這匹白布作為謝禮。」和尚答應了她的請求。婆婆剛離開不久，媳婦也帶著一匹白布來到寺院，同樣向和尚請求幫助，和尚也微笑著答應了她。

到了第二天，婆媳二人一同來到寺院，請和尚裁定人偶的真正身分。和尚微微一笑，對她們說：「這個人偶既不是田原藤太，也不是八幡太郎。瞧，你這邊是一匹白布，你那邊也是一匹白布，一共兩匹白布，所以說這是『仁田四郎忠常』[17]的人偶啦。」

（長野縣南安曇郡）

17 譯註：兩匹白布的日文「二反の白」，與日本平安時代末期至鎌倉時代初期的武士「仁田四郎」，日文發音相似。

87 仁王與賀王

很久很久以前，日本的仁王家中，來了一位從中國遠道而來的「賀王」。這位賀王是來向仁王挑戰，比試誰的力量大。

當時，仁王的妻子為了款待賀王，說道：「那我來準備一些糰子招待您吧！」然而，她竟把鐵棒掰成小段，揉捏成糰子，撒上黃豆粉，當作茶點端上桌。她這麼做，正是想試試這位賀王的本事。

賀王雖然感覺糰子異常堅硬，但仍咬牙忍耐，毫不退怯。他笑著說：「真是美味啊！」便將這些特製的糰子一口一口吃下去。

仁王見賀王如此本領，心中暗自佩服，便說：「您這般厲害，不如咱們結為兄弟，一起來守護觀音大人的山門吧！」賀王欣然答應。於是，兩人從此成為守護觀音山門的搭檔。

也因此，直到今天，我們看到山門前的兩尊大王像：一邊是手握鐵棒、站姿威嚴的仁王，而另一邊張大嘴巴、似要準備吃掉鐵棒的，就是來自中國的賀王。

（長野縣南安曇郡）

88 不說話比賽

很久很久以前，有一對夫妻對麻糬的喜愛可說是無人能及。某天，他們搗了一大盆麻糬，大快朵頤後還剩下一點點，於是商量著說：「今晚來一場不說話比賽吧，看誰贏了，就可以把這剩下的麻糬吃掉。」

夜幕降臨，他們各自沉默不語，準備一較高下。不巧的是，那天晚上竟然闖進一名小偷，在屋裡東翻西找，四處搜刮。夫妻兩人早已察覺到小偷的動靜，但因為規則在先，誰先說話誰就輸了，只好強忍著不發一語。

小偷見無人攔阻，越發膽大妄為，翻箱倒櫃，最後竟打開了櫥櫃，找到裝麻糬的木盆，準備將它抱走。眼見心愛的麻糬即將落入賊手，妻子再也忍不住了，大聲喊道：「哎呀！小偷要把我們的麻糬偷走了！」

丈夫一聽，立刻抓住機會大喊：「麻糬是我的了！」興奮地宣告勝利。

那麼，親愛的讀者，你認為小偷會接受這樣的結果嗎？或者故事會有不同的發展呢？

89 鼠經

很久很久以前，有個人帶著一隻狗上山打獵，途中發現一戶人家，便向主人借宿一晚。那戶人家住著一對老夫婦，他們問獵人：「你們村裡是不是有什麼經文可以念誦呢？」

獵人回答：「有啊。」

於是老夫婦請求：「那能不能教教我們念呢？」

可是，獵人並不記得經文而有點為難，只能抬頭望著天花板，思考著該怎麼辦。這時，一隻老鼠跑來跑去地竄了出來。獵人便隨口說：「跑來跑去的這傢伙是什麼呀？」老鼠聽到後，停下腳步蹲了下去。獵人便脫口而出：「瞧，他蹲下來了！」

老夫婦聽到後，竟認為這是一段珍貴的經文，於是從那天起，每晚都在佛前反覆念誦：「跑來跑去的這傢伙是什麼呀？瞧，他蹲下來了！」

有一天夜裡，一個小偷潛入這戶人家，四處張望著伺機行竊。正巧，老夫婦又開始在佛前念經：「跑來跑去的這傢伙是什麼呀？」小偷心想：「糟糕！難道被發現了？」於是連忙躲到紙拉門後面蹲下。接著，老夫婦又念道：「瞧，他蹲下來了！」小偷聽到後，驚慌失措，以為自己真的被發現了，只得趕緊逃之夭夭。

其實，老夫婦對這一切根本毫不知情，只是如往常一般誦著他們認為的「經文」罷了。

（熊本縣葦北郡水俣町（現今的水俣市）。《昔話研究》第一卷第七期）

90 模仿人的青蛙

這是發生在岩手縣二戶郡仁佐平這座山村的故事。

很久很久以前，在仁佐平這個村莊旁邊有一條小河，住著一隻青蛙。某一天，一名專門販賣牛馬的商人從九戶的方向騎馬而來，悠哉悠哉地唱著歌，朝福岡[18]方向前進。青蛙看見後心想：「我也想像那個商人一樣，發出這麼好聽的聲音！」於是張開嘴巴，用盡力氣「呱呱呱」地叫了起來，但怎麼也發不出悅耳的聲音。

青蛙更賣力地高聲歌唱，結果把商人嚇了一跳，停下馬四處張望。可是，什麼也沒看到，只聽見一隻青蛙在旁邊「呱呱呱」地叫著。商人忍不住問青蛙：「你在幹什麼？」青蛙回答：「你的聲音太好聽了，我正在模仿你呢！」接著青蛙又問：「你要去哪裡啊？」

商人說：「我要去伊勢參拜。如果你想去，我可以帶你一起去。」青蛙聽了非常高興，立刻跳上馬背，跟著商人一起上路了。

18 譯註：此指岩手縣二戶地區的「福岡」。

他們越過山嶺，穿過村莊，一路來到盛岡附近時，青蛙站在馬背上，忽然冒出一個念頭：「等等！人類能用兩條腿站著走路，那我也一定可以的！好吧，來試試看！」他從馬背上跳下來，試著用兩條腿站起來走路。沒想到，還真的走得很順暢！青蛙高興極了，就這樣一路快樂地向前走去。

走了一段路後，青蛙突然看見前方出現一個地方跟仁佐平十分相似。他停下腳步，心想：「真奇怪！這世界上竟然還有跟仁佐平這麼相像的地方呀？」休息片刻後，他繼續環顧四周，卻發現眼前的地方正是他原本住的家！

原來，青蛙的眼睛長在後面，所以當他用兩條腿站著走路時，其實是倒著走的，結果不知不覺間又回到了原來的地方。

這個故事告訴我們，盲目模仿別人，往往會鬧出大笑話啊！

（岩手縣二戶郡爾薩體村仁佐平〔現今的二戶市〕。

《二戶的昔話》菊池勇）

91 蠶豆的黑線

很久很久以前，某個地方住著一個老婆婆。有一天，老婆婆準備做菜，挑撿好蠶豆後，正要放進鍋裡時不小心掉出了一顆豆子，滾到庭院的角落去了。

老婆婆去拿引火用的稻草時，一陣風吹來，把一根稻草也颳到了庭院的角落。不久，老婆婆正忙著生火，一塊燒得紅通通的木炭掉到地上，也滾到同一個地方。

於是，聚集在庭院角落的蠶豆、稻草與木炭商量了一番，決定一起去伊勢參拜，然後興致勃勃地踏上旅途。

當他們來到一條河邊，稻草說：「我來當橋吧。」蠶豆與木炭便準備過橋。但他們卻爭論起誰該先過：「我要先過！」、「不，我先！」最後，他們決定讓木炭先過。

木炭戰戰兢兢地走到橋中間時，因為害怕而開始發抖，動彈不得。結果，稻草被木炭的高溫點燃，兩個一起掉進了河裡。

蠶豆看到這一幕，忍不住哈哈大笑：「這就是你剛才跟我爭了老半天的報應啊！」沒想到，他笑得太過用力，肚子突然「啪」地一聲裂開了。

蠶豆痛得哭了出來，剛好一名裁縫經過，見狀便上前詢問：「你為什麼哭呢？」蠶豆講述剛才的經過，並指著自己裂開的肚子給裁縫看。裁縫同情地說：「真可憐啊！」於是拿出針線來幫他縫合。

然而，不巧的是裁縫沒有帶綠線，只能用黑線縫好蠶豆的肚子。從此以後，蠶豆的肚子上就留下一條黑線，成了他永遠的印記。

（靜岡縣濱名郡芳川町〔現今的濱松市〕。《靜岡縣傳說昔話集》）

92 蜈蚣跑腿的故事

很久很久以前，某天，蜈蚣、跳蚤與虱子聚在一起。天氣寒冷，蜈蚣提議道：「這種天氣，不如大家一起湊錢買些酒來喝吧。」這個提議得到了其他兩位的贊同。但接下來問題來了——誰要跑腿去酒館買酒呢？

跳蚤率先表態：「我跳得太高，怕把酒瓶摔碎，所以這差事不適合我。」

接著虱子說：「我走路太慢，拖拖拉拉的，恐怕也幫不上忙。」沒辦法，最後蜈蚣只好自己去。可是，跳蚤與虱子等了很久，還是不見蜈蚣回來。終於等得不耐煩了，兩人決定出去看看蜈蚣到底在搞什麼。

當他們走到院子裡，發現蜈蚣正蹲在角落裡忙著什麼。跳蚤大聲喊道：「喂！蜈蚣，你在幹麼？怎麼這麼慢？」

蜈蚣頭也不抬地回答：「唉，我的腳實在太多了，我還在穿鞋呢！」

（長崎縣西彼杵郡伊王島。《伊王島村鄉土史》松尾謙治）

93 清藏的兔子

很久很久以前，有個名叫清藏的人，某天與朋友們一起到山裡遊玩。然後，他們在草叢中發現一隻正在酣睡的兔子。

其中一個朋友驚訝地說：「哎呀！這裡有一隻死掉的兔子！」清藏聽了，立刻捏住鼻子，煞有介事地說：「怪不得我剛才一直覺得這裡有一股奇怪的臭味呢！」

當他們討論得十分熱烈，那隻兔子被人聲吵醒了，嚇得拔腿就跑。朋友們見狀，驚訝地說：「原來他只是在午睡啊！」

這時，清藏又一本正經地補充道：「所以我才覺得，剛才好像看到他的耳朵在動呢！」

從此以後，人們就用「清藏的兔子」來形容那些隨便說話不負責任的人。

這類莫名其妙的故事還有很多，這次只能挑選其中的三、四個來講了。

94 鴿子的竊聽

很久很久以前，某個山村裡，有個老公公在河對岸的山坡田裡忙著幹活。河這邊的另一位老公公朝他喊道：「喂！你今天在田裡種什麼呀？」

對岸的老公公並沒有回應，而是朝他招了招手，示意他過來。於是，河這邊的老公公過河走到他身邊，好奇地問：「怎麼了？幹麼不直接說？」

對岸的老公公湊到他的耳邊，壓低聲音神祕地說：「我在種大豆啊。」

河這邊的老公公更加困惑了，問：「種大豆有什麼不能說的嗎？為什麼這麼神秘？」

對岸的老公公皺著眉頭，神情嚴肅地答道：「別這麼說，要是被鴿子聽到，那可就不得了了！」

（群馬縣吾妻郡。《吾妻郡誌》）

95 拄杖的蟲子

很久很久以前，有位盲僧背著琵琶，獨自路過一個山村。這時，河對岸的老公公對著河這邊的另一位老公公大聲喊道：「喂！你快看吶！出現了一隻巨大的拄杖蟲！六年前，這種蟲子出現過，結果那一年的紅豆大豐收。看來今年也會是個紅豆大豐收的一年啊！」

96 脖子上的被子

很久很久以前，有一戶窮人家因為買不起被子，只能蓋著稻草睡覺。為了不讓人笑話，這家主人特別叮囑孩子：「不要告訴別人我們睡覺蓋的是稻草，要說是被子。」

有一天，他們去別人家做客。大家閒聊時，那孩子突然指著父親，天真地說道：「爸爸！爸爸！你的脖子上還黏著被子的葉子呢！」

97 樹杈信與黑色信

很久很久以前，某個深山中的小村莊裡，住著一個老婆婆與她的女兒。有一天，女兒要出嫁到另一個必須翻山越嶺才能到達的鄰村。臨行前，老婆婆再三叮囑：「你如果要回娘家過夜，路上很危險，千萬別一個人來，一定要讓人送你過來。」可是，女兒嫁過去後，既沒有回娘家，也沒有捎來任何消息，讓老婆婆十分擔憂。

恰好有一天，鄰居要去鄰村辦事，特地來問老婆婆需不需要帶話給女兒。老婆婆聽了非常高興，決定寫封信託鄰居帶去，於是走進裡面的房間寫了起來。寫完後，她將信交給鄰居，說：「請把這封信轉交給我女兒。」鄰居心想：「哎呀，這老婆婆真了不起，居然還會寫信！」邊驚嘆邊帶著信離開。

鄰居到了鄰村，將信交給女兒。女兒接過信後十分高興，馬上寫了回信交給鄰居，說：「請幫我把這封信帶給我母親。」鄰居心中更加敬佩，暗想：「原來她們兩個都會寫信啊，厲害！」

但實際上，這位老婆婆與女兒一個字都不認識。老婆婆的信上，只畫了四個樹杈模樣的符號「＜＜＜＜」，意思是：「女兒啊，你怎麼不回來呢？」[19]

女兒一看到信，立刻明白母親的意思，並在回信中，將整張紙全部塗滿黑墨，沒有留下一點空隙。這代表她想說：「我很想回娘家，但實在抽不出空來。」老婆婆一看，也立刻領會了女兒的意思。

（新潟縣古志郡山古志村。《很久很久以前的故事》第一集，水澤謙一）

19 譯註：這句話的原文是：「あねまた、なぜまんなまた、こねまた」，句中共有四個「また」，跟「樹杈」的日文「きのまた」的「また」同音，因此直接畫上四個樹杈狀的符號來表達意思。

98 自以為是

很久很久以前，有一個人到外地去，第一次品嘗了餛飩，即烏龍麵。吃過後，他向店裡的小童悄悄問道：「叫什麼名字？」那小童以為他在問自己，便回答說：「叫彌二郎。」這個人記住了這個名字。

後來有一天，他和幾個同村的人一起進城，看到一掛掛正在晾晒的餛飩，便立刻對同伴說：「你們看，那裡有好多生的彌二郎在晾著，真想把它們煮成水煮彌二郎給大家嘗嘗啊！」

99 逞強

很久很久以前，有一位自視甚高的武士來到鄉下的一戶農家借宿。那天晚上天氣極為寒冷，農家主人好心勸他：「今晚冷得很，蓋上蓆子睡吧。」但武士驕傲地說：「我經常隨軍出征，野外露宿時從來不蓋東西的，這種事對我來說完全多餘。」說完，便直接躺在地板上睡了。

但到了半夜，實在冷得難受，他只好把主人叫醒，開口說道：「喂，喂，老闆！你家裡的老鼠是不是已經洗過腳了？」主人愣了一下，回答：「啊？這種事我們可沒做過。」武士聽了，立刻接話：「這樣啊，那可不行。如果被踩到，衣服會弄髒的。快，拿蓆子來，我蓋上它，防著點吧。」

100 貪婪的老太婆

很久很久以前，有個貪得無厭的老太婆，不管看到別人的什麼東西，都會說：「如果你不要了，就給我吧！」然後拿走。有一次，附近一戶人家的貓捉到一隻老鼠，然後把老鼠吃到只剩一根尾巴。家人正準備把那根老鼠尾巴丟掉，笑著說：「那個老太婆再怎麼貪心，應該也不會要這根尾巴吧！」

「說人人到」，老太婆恰巧來串門子。她看到那根老鼠尾巴，竟然開口說：「如果你們用不著的話，就給我吧！」在場的人全都驚呆了。他們好奇地問：「你拿這個要做什麼？」老太婆一本正經地回答：「我想拿回去做錐子的護鞘。」[20]

20 譯註：日文有句諺語「鼠の尾まで錐の鞘」，字面意思是「連老鼠的尾巴都能做成錐子的護鞘」，引申為「再怎麼沒用的東西都有派上用場之處」。

101 吝嗇的鄰居

很久很久以前，有兩個極為吝嗇的人住在彼此的隔壁，成為鄰居。有一天，其中一家的主人派僕人去找鄰居，說：「我們要釘釘子，能不能跟你們借錘子用，等一下就還你。」

鄰居聽了，皺著眉頭問道：「你們要釘的是木釘還是鐵釘？」僕人回答：「是鐵釘。」鄰居便搖了搖頭說：「哎呀，借是沒問題，但不巧我的鐵錘已經借給別人了，不在我手上，真的很抱歉。」說完，便將僕人打發走了。

聽到這個回應，借錘子的主人簡直傻眼，感嘆道：「世上竟然有這樣的吝嗇鬼！還要問清楚是木釘還是鐵釘，一聽說是鐵釘，便找藉口不肯借，怕鐵錘敲壞就編出這些話來，真是無言。」最後，他無奈地說：「算了算了，只能拿出我們家的鐵錘來用了。」

102 偷竊的念頭

很久很久以前，有個男子在下雪的日子裡前往別人家做客。外頭白雪皚皚，亮得刺眼，他剛踏進屋裡，忽然覺得四周如夜晚般黑暗。他一邊嘟囔著：「好暗啊，好暗啊！」一邊摸索著往屋內走。就在剛踏上木地板時，腳底踩到一樣冰冷的東西。於是撿起來一看，原來是一把小斧頭。

他早就想要一把這樣的斧頭了，一時起了貪念：「這麼暗，沒人會發現吧？」於是悄悄將小斧頭藏進自己的懷裡。

過了一會，眼睛逐漸適應屋內的光線後，他才發現房間其實不算太暗，而屋裡的人也早將他的行為看得一清二楚。他驚慌失措，開始坐立不安，心想：「糟了，做了件蠢事，這可怎麼辦？」為了掩飾內心的不安，他不停地找話題與主人閒聊。

正在此時，又有一個客人從外面進來，剛跨進門便喊道：「好暗啊，好暗啊！」偷斧頭的男子靈機一動，趕緊說：「我有個好辦法可以教你！」他假裝若無其事地拿出那把小斧頭，說道：「只要像我這樣，把這麼小的小斧頭塞進懷裡，就會立刻覺得屋裡變亮了。我剛才試過，真的很有效！」說完，大方地將斧頭遞給了新來的客人。

103 女婿的閒聊天

很久很久以前，有一個女婿在初次拜訪岳父家時，聽朋友建議說：「去岳父家做客，最好事先準備一段有趣的話題，選個好時機說出來。如果只是默默吃飯，別人會覺得你很無趣，還可能被取笑。」

於是，那天的聚會上，女婿先是禮貌地寒暄了一番，當宴席開始，酒菜上桌，氣氛漸漸熱絡時，他決定抓住機會開口說話。

女婿把筷子直直夾在膝蓋上，雙手比出環抱的動作，正經地對岳父說：「岳父大人，請問您看過像這樣足有『一抱』大的鷸鳥嗎？」

岳父聽了，略微思索後答道：「我從沒見過這麼大的鷸鳥啊。」

女婿接著露出一副恭敬的表情，說道：「是嗎？其實我也從沒見過呢。」

話題到此就結束了。

104 地底國的屋頂

許多天馬行空的鄉野奇譚中，這個故事可說是別具一格。

很久很久以前有個村莊，村民決定挖一口井。但不論怎麼挖、挖多深，始終找不到水。大家並不氣餒，堅持每天繼續挖掘。終於有一天，他們在深井裡挖出一些黑黑的、被煙燻過的稻草。

村民覺得很奇怪，但還是將這些稻草清理掉，準備繼續挖下去。就在這時，井底突然傳來一陣洪亮的怒吼聲：「喂！上面那群傢伙，你們在幹什麼？那是我家屋頂的稻草！你們竟敢剝掉它，究竟想幹麼？」

原來，他們竟然挖到了地底另一個國度的屋頂！

105 賭徒的天界奇遇

很久很久以前，有一個輸慘了賭局的壞蛋，在回家路上無精打采地走著。走到一棵大樹下時，他決定自己擲骰子玩，邊玩邊喊：「贏了！」、「又輸了！」自得其樂。這時，傳說中的神靈天狗在樹上看見了，對他的骰子遊戲非常感興趣，便用自己的羽扇與他交換。

這是一把奇妙的羽扇，只要用它朝鼻子搧一搧，鼻子就會變長；輕輕一搧，鼻子就稍微長一點；用力一搧，鼻子會長到不可思議。但如果將羽扇翻過來搧，鼻子又會慢慢縮回去。

壞蛋得到這個寶物後，站在村中一位富翁家門旁，剛好看到富翁的獨生女正準備出門參拜神明。壞蛋玩心一起，拿羽扇對準富翁女兒的鼻子狠狠一搧，結果她的鼻子一下子變得足足有七尺（約二．一公尺）長，無法出門，只能每天將長長的鼻子橫放在寬敞的客廳裡，終日以淚洗面。

富翁全家一籌莫展，只好在門口立下告示：「若有能將小女的鼻子恢復原狀之人，願將女兒許配為妻。」壞蛋見機不可失，帶著羽扇自告奮勇，進了富翁家。他用羽扇對著女兒的鼻子輕輕一搧，鼻子便一點一點縮短，終於恢復原狀。富翁一家感激不已，按照承諾將女兒嫁給了他。

壞蛋洋洋得意，閒在家裡悠哉悠哉地乘涼，結果不小心睡著了，做夢時竟對著自己的鼻子使勁搧風，結果鼻子越來越長，直直伸向天際。他渾然不覺，而此時天上的天河剛好在修建橋梁，發現有一根長棍突然從下方冒出來。眾人喜出望外，將他的鼻子當作橋樁，用繩索牢牢綁住，還把鼻尖稍微彎了一下。

這一下痛得壞蛋驚醒，慌張地將羽扇翻過來，不停地搧，希望縮回鼻子。可惜為時已晚，他的鼻子雖然慢慢縮短，但整個身體卻被橋樁拉扯上去，最終消失在天際，澈底登上了天河。

按理說，這位賭徒目前應該還在天河底部才對，只是用一般的望遠鏡根本看不到他的身影。

天空奇遇記

很久很久以前，有一個事事都特別幸運的男子。他用一把彎成「ㄟ」字形的獵槍對準一群排列整齊的大雁射擊。一顆子彈奇蹟般地穿過所有大雁，讓幾十隻大雁全都掉落了下來。男子高興極了，將這些大雁全都夾在腰帶間，大搖大擺地走著。

途中，那些大雁竟然奇蹟般地復活了！牠們展翅飛翔，把男子也一起帶上了高高的天空，越飛越遠，最後把他留在大和某座寺院的五重塔頂上。

男子驚恐不已，思考如何才能從塔頂安全下來。他朝塔下大聲求救，吸引寺院與附近村落的許多人前來幫忙。僧人們想出一個主意：拿出寺裡最大的一塊包巾，派四個人分別抓住四個角，鋪在塔旁的地面上，然後在包巾上堆滿像座小山般的棉花。萬事俱備後，僧人對塔頂的男子喊道：「跳吧！跳到這片棉花堆上，小心點，一定沒事的！」

男子緊張地深吸一口氣，開始倒數：「一、二、三！」然後縱身一跳，跳向包巾。可是，就在他落下的瞬間，包巾突然縮成一個大袋子，抓住包巾四個角的僧人不小心撞在一起，痛得兩眼冒火。那些火花不巧點燃了棉花，隨後蔓延到包巾、五重塔，甚至那個被大雁帶來的男子。

最後，五重塔與男子都化為灰燼，只留下這個荒誕的故事代代相傳下來。

編按

柳田國男的學術旅程從青年時期創作短歌與抒情詩開始，後來成為官僚轉為專注於農政學研究。在此基礎上，他進一步開展探討日本人的起源，並針對村落的生計、生活、祭祀、宗教、家族與習俗等，逐步確立了「民俗學」的學術領域。同時，他也對日語擁有深厚興趣，進行方言與地名研究，並透過出版來推動教育發展。他的研究並非隨興而為，而是以專注的態度在特定領域深耕一段時間之後，不斷推出成果，進而引發新的研究興趣，形成一條環環相扣的學術道路。

柳田國男於昭和五年（一九三〇）前後開始專注於昔話與口承文藝的研究。《日本的昔話》的首次問世是在昭和五年（一九三〇），柳田國男也在這一年正式展開昔話的研究。最初的書名為《日本昔話集（上）》。而後出版的《日本昔話集（下）》，則收錄了愛努、朝鮮、琉球及臺灣的故事。

《日本昔話集（上）》於昭和九年（一九三四）更名改版為《日本的

昔話》。昭和十六年（一九四一），又針對部分故事的表現方式進行修訂，附上序言後成為新訂版《日本的昔話》。到了昭和三十五年（一九六〇），再進一步改版為最終的《改訂版 日本的昔話》。

柳田國男曾在其監修的《日本昔話名彙》（一九四八年）中提出「完形昔話」與「派生昔話」，將昔話分為二類。其中，派生昔話包含因緣話、妖怪話、笑話，以及動物昔話（鳥獸草木譚）。而另一位民俗學家關敬吾則參考歐洲昔話研究的基礎推動日本昔話研究，採用「動物昔話」、「本格昔話」與「笑話」的三分類法。不過曾提出二分類法的柳田國男，在《日本的昔話》中採用的是以「動物登場的昔話」、「本格昔話」，以及最後的「笑話」這種三分類法的構成模式。

國家圖書館預行編目資料

日本的昔話 / 柳田國男 著；林美琪 譯.
一初版.一 新北市：遠足文化事業股份有限公司，2025年6月
288面；12.8×18.8公分
譯自：日本の昔話
ISBN 978-986-508-363-2（平裝）
1. 傳說 2. 民間故事 3. 日本
539.531　　114006323

日本の昔話

日本的昔話

作　　者　柳田國男
譯　　者　林美琪
責任編輯　賴譽夫
封面設計　蔡南昇
排　　版　L&W Workshop

編輯出版　遠足文化
行銷企劃　張詠晶
行銷總監　陳雅雯
副總編輯　賴譽夫
發　　行　遠足文化事業股份有限公司（讀書共和國出版集團）
23141新北市新店區民權路108之2號9樓
代表號：（02）2218-1417　傳真：（02）2218-0727
客服專線：0800-221-029　Email：service@bookrep.com.tw
郵政劃撥帳號：19504465　戶名：遠足文化事業股份有限公司
網址：http://www.bookrep.com.tw

法律顧問　華洋法律事務所　蘇文生律師
印　　製　韋懋實業有限公司
初版一刷　2025年6月

ISBN　978-986-508-363-2
ISBN　978-986-508-364-9（EPUB）
ISBN　978-986-508-365-6（PDF）
定　　價　360元